LES MARIÉS

SURVIVREZ-VOUS AU PLUS BEAU JOUR DE VOTRE VIE ?

LA PLUS BELLE JOURNÉE DE TA VIE :

07 H 00
Aller chercher la pièce montée.

9 H 10
Trouver des chaussures brillantes qui font mal aux pieds.

09 H 30
RDV chez Marcel Coiffure.

10 H 30
Récupérer ma mère gare de Lyon.

11 H 00
Récupérer tatie Aubépine (pas vue depuis 30 ans).

12 H 50 *Aider Lisa à enfiler sa robe.*

12 H 55 *Aller acheter une robe taille au-dessus.*

14 H 30
Passer 2 mn à la mairie.

14 H 32
Passer 3 h à l'église.

17 H 02
Bouffer des brioches en embrassant des gens.

18 H 00
Meubler le temps.

23 H 00
Manger en faisant des jeux débiles.

01 H 20
Passer la serpillière et appeler le SAMU (tatie Aubépine elle tient moyen l'alcool).

ÇA DONNE ENVIE, HEIN.

SCÉNARIO & DESSINS DU GENDRE IDÉAL **JIM**

COULEURS DES JEUNES MARIÉS **DELPHINE & JIM**

MAQUETTE, BIGOUDIS & MISE EN PLIS **JIM STUDIO**

PAR JIM, ÉGALEMENT

JINGLE SEX
LA FLEMME
LA THUNE
L'AMOUR
LE DÉSIR - DÉCOR JUAN
LE BÉBÉ - DÉCOR JUAN
500 IDÉES POUR GLANDER AU BOULOT
500 IDÉES POUR ÊTRE UN TYPE EN OR

PAR FREDMAN & JIM

TOUS LES DÉFAUTS DES MECS 1
TOUS LES DÉFAUTS DES MECS 2
TOUT CE QUI FAIT RÂÂÂLER LES NANAS
COMMENT SUPPORTER LA FAMILLE
MAIGRIR, LE SUPPLICE - MAIGRIR, LA TORTURE
TOUS NOS "VRAIS" AMIS
NOS PIRES FÊTES FOIREUSES
RESTER JEUNE À TOUS PRIX
PUTAIN DE VACANCES

PAR JIM, GIL & GASTON

MA TOUTE PETITE DÉPRIME & MOI

PAR JIM & GASTON

ON ÉTEINT LA LUMIÈRE... ON SE DIT TOUT
T'AS VU TA TRONCHE

PAR JIM & PONT

LA HONTE
LA HONTE 2

ATTENTION, LA STATISTIQUE DU JOUR : UN COUPLE SUR DEUX DIVORCE DURANT LES PRÉPARATIFS DE SON PROPRE MARIAGE.
PLUS QUE JAMAIS, SUR LE CHEMIN DE L'AMOUR, SOYEZ VIGILANTS.

UNE PENSÉE À TOI, JEUNE COUPLE QUI TE MARIE AUJOURD'HUI, ET À QUI ON VIENT D'OFFRIR CET ALBUM (ENTRE NOUS, À MOINS DE 10 EUROS LE CADEAU DE MARIAGE, SE SONT PAS CASSÉS LA NÉNETTE, LES INVITÉS...).
TOUS MES VŒUX DE BONHEUR, JEUNES TOURTEREAUX.
PUISSE CET ALBUM CONTRIBUER MODESTEMENT À LA PLUS BELLE JOURNÉE DE VOTRE VIE.

CET ALBUM EST DÉDIÉ À MA JEUNE MARIÉE À MOI.

JIM

WWW.VENTSDOUEST.COM

ÉDITIONS SOUS CONTRAT VENTS D'OUEST 31-33 RUE ERNEST RENAN 92130 ISSY-LES-MOULINEAUX
 DÉPOT LÉGAL NOVEMBRE 2007 ISBN : 978 2 7493 0356 7
ACHEVÉ D'IMPRIMER EN ITALIE EN OCTOBRE 2007 PAR EUROGRAFICA

QU'EST-CE QUE ÇA MET LA PRESSION, LE MARIAGE !

RIEN QUE L'IDÉE ME DONNE DES SUEURS FROIDES ...
ALORS... TOUT À L'HEURE, DEVANT LE MAIRE, J'OSE PAS IMAGINER !!
POURQUOI J'AI ACCEPTÉ... MAIS POURQUOI J'AI ACCEPTÉ !!
MAIS ARRÊTE TON DRAAAME, ÇA VA L'FAIRE ...
MAIRIE
CALMOS, MICKEY, ÇA VA BIEN S'PASSER !
'PIS VA FALLOIR Y ALLER, MÊME, CARRÉMENT ! C'EST L'HEURE !

DÉJÀ, AVANT D'EN ARRIVER LÀ... 'L'A FALLU ME CONVAINCRE... ET ILS S'Y SONT MIS À PLUSIEURS, LES BOUGRES !
ALLEZ, QUOI MICKEY !
GROSSE BAMBOULA
TROP FUN !
NON ! J'AIME PAS LES MARIAGES ! J'VEUX PAS !
... MÊME MA LISA A SORTI SES PLUS BEAUX YEUX DE VELOURS...
...PIS TE VOIR EN COSTUME... TROP L'KIF, ÇA !
ALLEZ, POUR MOI !!!
DÉJÀ QUAND JE PARTICIPE PAS ÇA ME GONFLE !!
QUAND JE DIS NON C'EST NON !
BREF, J'AI ACCEPTÉ...
OH PUTAIN NON !
OH PUTAIN SI !
FLASH
SI SI SI MÊME ! PF !
ATTENDS, J'IMMORTALISE ! 'PAS TOUS LES JOURS QUE MON POTE ANPE VERSE DANS LA CLASSITUDE !
J'AI ENDURÉ LES PIRES HUMILIATIONS...
ET VOILÀ : VERNIS INTENSE, CUIR VACHETTE SACRÉE D'INDE ...
AH !
EUH
JE
NICOLE, VOUS POURREZ PULVÉRISER UN PEU DE BRISE WC DANS LE MAGASIN, S'IL VOUS PLAÎT...
...JE VENDS AUSSI DES... CHAUSSETTES !!
... LES PIRES VEXATIONS ...
AH. JE VOIS QUE...
...MÔSSIEUR SE FAIT COUPER LES CHEVEUX PAR SA MÔMAN... 'Y A PAS DE PETITES ÉCONOMIES...
JE EUH
JE PASSE SOUS UN TUNNEL LÀ...

MARIAGE... NON...
J'AI AVALÉ L'ALLIANCE...
J'M'ÉTOUFFE!
ARF!
ON SE CALME... C'EST QU'UN RÊVE...
... JUSQU'AU JOUR OÙ Y A PLUS LE CHOIX... FAUT Y ALLER.
SONT TOUS DANS LA MAIRIE! ALLEZ, ON N'ATTEND PLUS QUE TOI!
OH PUTAIN OH PUTAIN
POURQUOI CETTE PEUR PANIQUE? FRANCHEMENT? LES RESPONSABILITÉS? ... LA PEUR DE L'ENGAGEMENT?...
VOULEZ-VOUS PRENDRE POUR ÉPOUSE...
... TOUJOURS EST-IL QUE RIEN NE ME STRESSE AUTANT QUE D'ENDURER CE CALVAIRE!
ET ENCORE, J'ME PLAINS!... MOI, JE SUIS SEULEMENT LE TÉMOIN.
... NICOLE GOUFFIER ICI PRÉSENTE?
OUI JE LE VEUX!
CLAP CLAP CLAP
BRAVO! VOUS POUVEZ EMBRASSER LA MARIÉE.
CLAP
C'EST PAS VRAI, IL A DIT "OUI"! OH LE CON. LE CON!!
RÔÔÔH MICKEY, CHÛÛÛT!

ON SUBIT DES PRESSIONS EN INTERNE

ON VA SE FAIRE AVOIR, C'EST SÛR

PARFOIS ON SE DIT QUE ÇA Y EST.
ON A DÉMÉNAGÉ.
ON A FAIT UN ENFANT.
PIOUU! PIOUU!
ON A ENVIE DE SOUFFLER UN PEU, ON SE DIT QUE LES GRANDES ÉPREUVES DE LA VIE SONT DERRIÈRE NOUS...

QU'Y-A-T'IL DE MEILLEUR QU'UNE VIE PLATE, DES P'TITES JOURNÉES BANALES, DÉLICIEUSEMENT CALÉES DANS LES RAILS BIEN HUILÉS DU TRAIN-TRAIN QUOTIDIEN?
C'EST TOUJOURS DANS CES MOMENTS-LÀ DE QUIÉTUDE BÉATE QUE LES FILLES S'ENNUIENT... ET INÉVITABLEMENT...
JACK BAUER
PAW PAW
ALLÔ LA CTU?
... LÂCHENT UNE BOMBE.
ET NOUS... ET SI ON SE MARIAIT ?
OH OH MICKEY, T'AS ENTENDU, J'AI DIT...
LISA, TU VEUX DU POP CORN?
DU POP CORN?
NAN MAIS J'TE PARLE PAS D'ÇA. RÉPONDS-MOI...
QUI VEUT DU POP CORN?
BONNE IDÉE LE POP CORN, HEIN?

AH NON MAIS PAS DE PROBLÈME, J'VAIS T'CHERCHER DU POPCORN
OH PUTAIN!
IL S'FOUT D'MOI, LÀ!
ON DIRAIT, VI.
HA HA T'AS VU
MICKEY, J'PEUX TE PARLER?
POP POP POP
POP POP
GÉNIAL HEIN ÇA FAIT POP!!!
VOILÀ J'AMÈNE LE POPCORN
POP
POP POP
SE MARIER, TOI, MOI! HO!
...TU M'ENTENDS? CH'UIS SÉRIEUSE! SE MARIER!
MAIS POURQUOI?? POURQUOI SE MARIER? 'BIEN UNE IDÉE DE FILLE, ÇA! A-T-ON JAMAIS VU UN MEC SE MARIER DE SON PLEIN GRÉ?
LÀ! COINCÉ SOUS LA DOUCHE!
HA HA
'PEUX PLUS TE DÉBINER! ALORS RÉPONDS, ET SI ON SE M...
SCRUNCH
CORN
SCRUCH
POP
SC
QUOI?
TU DIS?
J'ENTENDS PAS
UH?
COMMENT?
TU VEUX DU POPCORN?
ON N'EST PAS BIEN LÀ, COMME ON EST, LIBRES? LIBRES D'ÊTRE ENSEMBLE, ET LIBRES DE RESTER ENSEMBLE POUR LE RESTE DE NOTRE VIE?
POURQUOI CHANGER? POURQUOI?
BOM BOM BOM

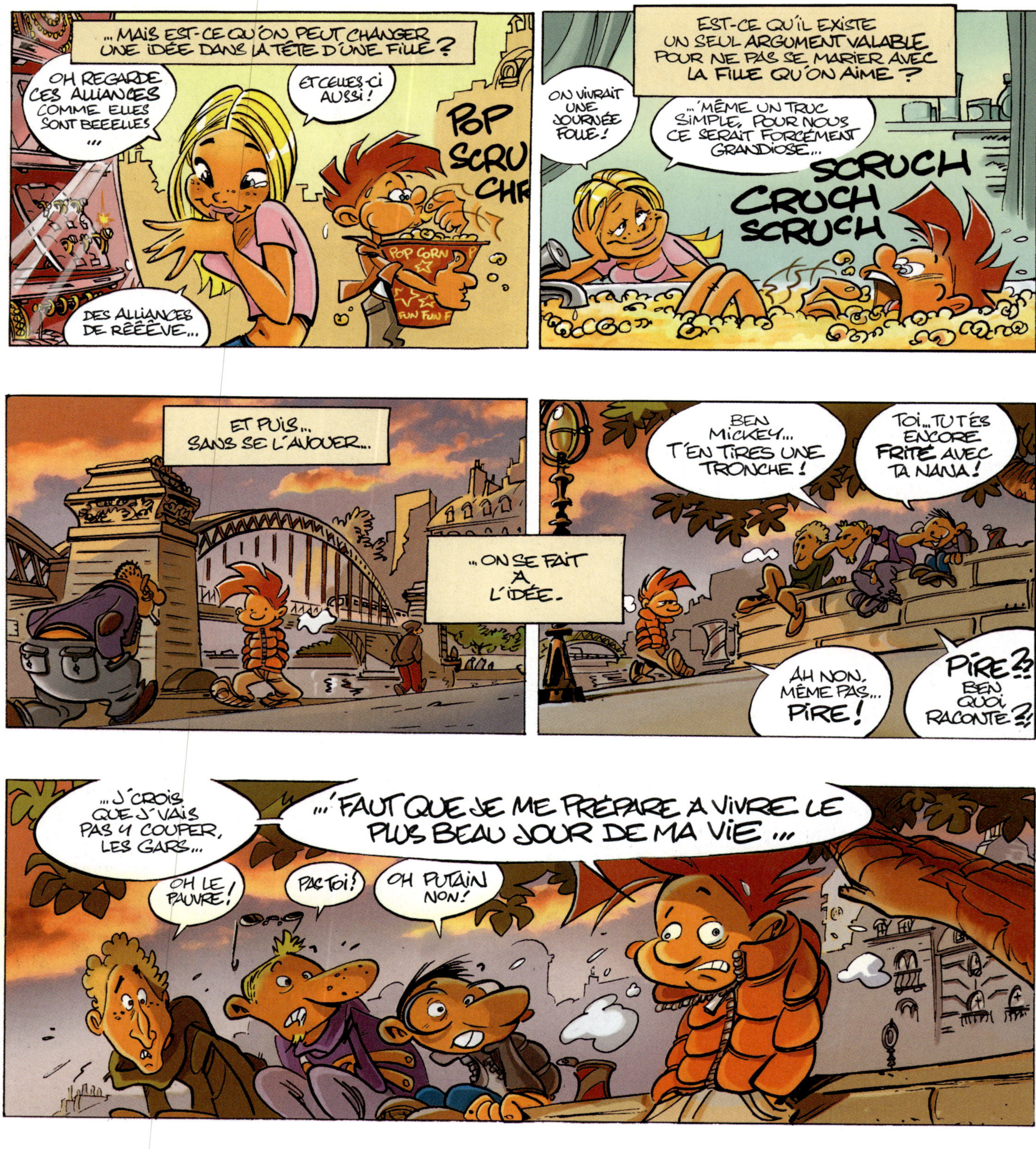
... MAIS EST-CE QU'ON PEUT CHANGER UNE IDÉE DANS LA TÊTE D'UNE FILLE ?
OH REGARDE CES ALLIANCES COMME ELLES SONT BEEELLES ...
ET CELLES-CI AUSSI !
POP
SCRU
CHR
POP CORN
FUN FUN F
DES ALLIANCES DE RÊÊÊVE...
EST-CE QU'IL EXISTE UN SEUL ARGUMENT VALABLE POUR NE PAS SE MARIER AVEC LA FILLE QU'ON AIME ?
ON VIVRAIT UNE JOURNÉE FOLLE !
... MÊME UN TRUC SIMPLE, POUR NOUS CE SERAIT FORCÉMENT GRANDIOSE...
SCRUCH
CRUCH
SCRUCH
ET PUIS... SANS SE L'AVOUER...
... ON SE FAIT À L'IDÉE.
BEN MICKEY... T'EN TIRES UNE TRONCHE !
TOI... TU T'ES ENCORE FRITÉ AVEC TA NANA !
AH NON, MÊME PAS... PIRE !
PIRE ?? BEN QUOI, RACONTE ?!
... J'CROIS QUE J'VAIS PAS Y COUPER, LES GARS...
... FAUT QUE JE ME PRÉPARE À VIVRE LE PLUS BEAU JOUR DE MA VIE ...
OH LE PAUVRE !
PAS TOI !
OH PUTAIN NON !

ON ASSISTE AU MARIAGE D'UN VIEUX POTE

EUH... C'EST CENSÉ DONNER ENVIE ?

ET TU DANSES DANSE DAN
MAIS NON CHÉRIE, ÇA... CALME-TOI...
ÉCOUTE: BOUDINER, VERBE DU PREMIER GROUPE, "SERRER DE MANIÈRE À FAIRE SAILLIR LES VOLUMES."
DE
DE LA BOUCHE DE MAMAN, C'ÉTAIT UN COMPLIMENT, JE... JE SUIS SÛR...
"OH ELLE FAIT SAILLIR TES JOLIS SEINS, CETTE ROBE", VOILÀ CE QU'ELLE VOULAIT DIRE, MAMAN...
DICO
EF'ACTEMENT...
EF'ACTEMENT...

ON CHERCHE DES ARGUMENTS CONTRE

ON LUTTE, ON BATAILLE

...MA P'TITE VIOLETTE... ET SI ON SE MARIAIT, TA MAMAN ET MOI, TOI, QU'EST-CE QUE T'EN PENSES? TU SERAIS CONTENTE?
MOI C'EST COMME SI VOUS Z'ÉTIEZ MARIÉS, M'EN FOUS, MOI...
CRI

HA HA UN CRI DU ♥!
OUAH TRÈS BIEN ÇA, TU PEUX REDIRE ÇA À MAMAN TOUT DE SUITE ?!
TOING
LISA!
LISA!
...TIENS VIOLETTE, RÉPÈTE CE QUE T'AS DIT À PAPA!
VOUS Z'ALLEZ VOUS MARIER AVEC PAPA, C'EST TROP GÉNIAAAL!
AH COMME C'EST MIGNON, JE FONDS!
ZOOUF
AH BON, VOUS ALLEZ VOUS MARIER?
QUOI?! MAIS T'AS PAS DU TOUT DIT ÇA!!
BEN SI... NON? CH'AIS PU...
VOUS Z'ALLEZ PAS VOUS MARIER?
LISA ET MICKEY VONT SE MARIER!!
OUI ON EN PARLE...
PIS ÇA FERAIT TELLEMENT PLAISIR À VIOLETTE.
AH BON? QUAND?
ON S'RA INVITÉS? J'ESPÈRE?
FAITES ÇA EN ÉTÉ, C'EST MIEUX POUR LES IMPÔTS!
HA HA
LA JARRETIÈRE! LA JARRETIÈRE!
LES FILLES C'EST RETORS! DÉJÀ TOUTES PETITES, ELLES TE MANIPULENT POUR TE POUSSER INEXORABLEMENT VERS LES RESPONSABILITÉS DU MARIAGE.
ET LISA, DANS LE GENRE, C'EST LA REINE!
PF! ELLE PEUT S'ACCROCHER POUR ME CONVAINCRE, TIENS!

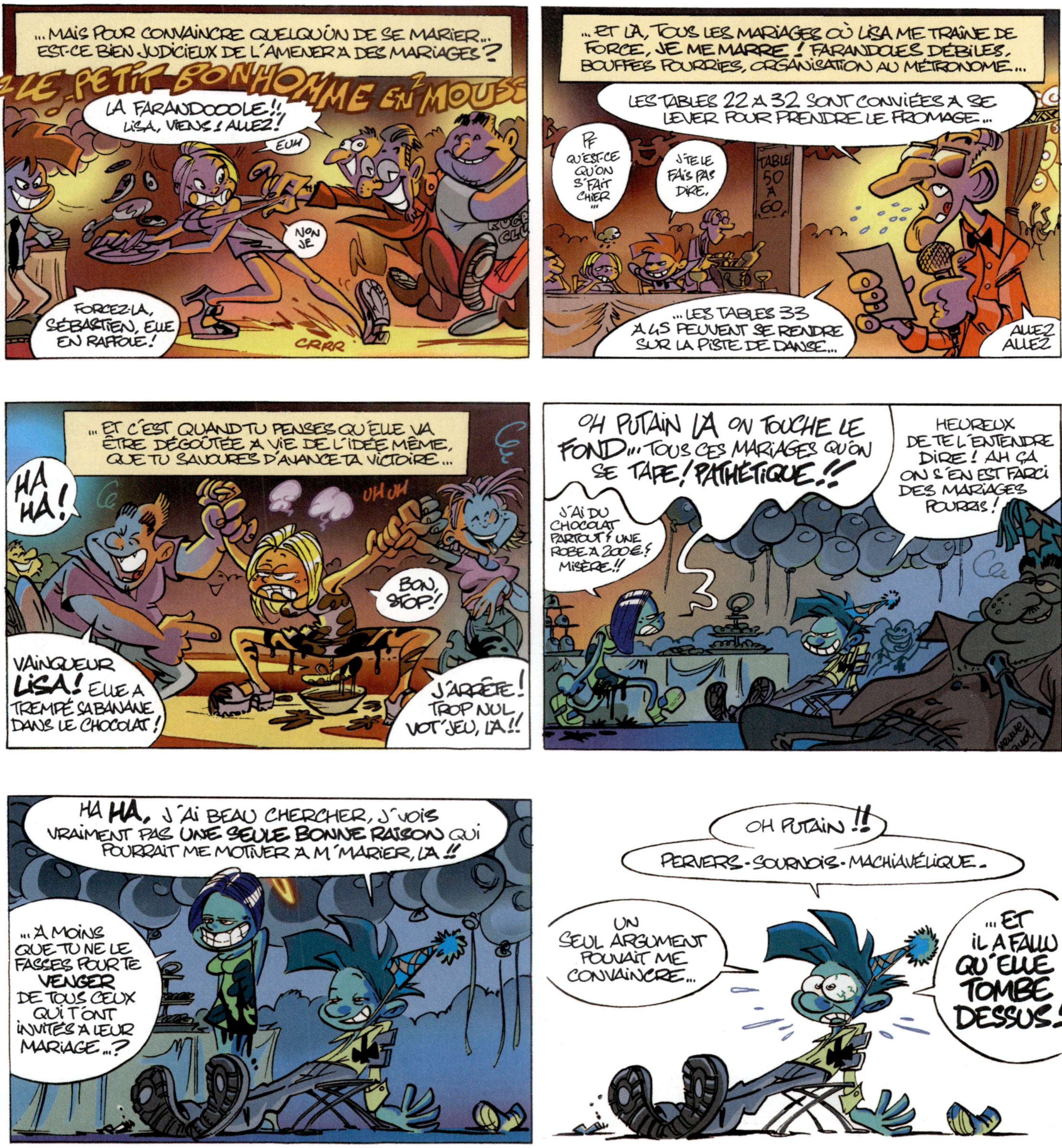

... MAIS POUR CONVAINCRE QUELQU'UN DE SE MARIER... EST-CE BIEN JUDICIEUX DE L'AMENER À DES MARIAGES ?
LA FARANDOOOLE !! LISA, VIENS ! ALLEZ !
EUH
NON JE
FORCEZ-LA, SÉBASTIEN, ELLE EN RAFFOLE !
CRRR
... ET LÀ, TOUS LES MARIAGES OÙ LISA ME TRAÎNE DE FORCE, JE ME MARRE ! FARANDOLES DÉBILES, BOUFFES POURRIES, ORGANISATION AU MÉTRONOME...
LES TABLES 22 À 32 SONT CONVIÉES À SE LEVER POUR PRENDRE LE FROMAGE...
PF QU'EST-CE QU'ON S'FAIT CHIER
J'TE LE FAIS PAS DIRE.
TABLE 50 À 60
... LES TABLES 33 À 45 PEUVENT SE RENDRE SUR LA PISTE DE DANSE...
ALLEZ ALLEZ
... ET C'EST QUAND TU PENSES QU'ELLE VA ÊTRE DÉGOÛTÉE À VIE DE L'IDÉE MÊME, QUE TU SAVOURES D'AVANCE TA VICTOIRE...
HA HA !
UH UH
BON, STOP !
VAINQUEUR LISA ! ELLE A TREMPÉ SA BANANE DANS LE CHOCOLAT !
J'ARRÊTE ! TROP NUL VOT'JEU, LÀ !!
OH PUTAIN LÀ ON TOUCHE LE FOND... TOUS CES MARIAGES QU'ON SE TAPE ! PATHÉTIQUE !!
HEUREUX DE TE L'ENTENDRE DIRE ! AH ÇA ON S'EN EST FARCI DES MARIAGES POURRIS !
J'AI DU CHOCOLAT PARTOUT ! UNE ROBE À 200 € ! MISÈRE !!
HA HA. J'AI BEAU CHERCHER, J'VOIS VRAIMENT PAS UNE SEULE BONNE RAISON QUI POURRAIT ME MOTIVER À M'MARIER, LÀ !!
... À MOINS QUE TU NE LE FASSES POUR TE VENGER DE TOUS CEUX QUI T'ONT INVITÉS À LEUR MARIAGE...?
OH PUTAIN !!
PERVERS - SOURNOIS - MACHIAVÉLIQUE -
UN SEUL ARGUMENT POUVAIT ME CONVAINCRE...
... ET IL A FALLU QU'ELLE TOMBE DESSUS !!

ON ÉCOUTE LES CONSEILS DE POTES AVISÉS

ON VISUALISE NOTRE MARIAGE IDÉAL

'PARAÎT QU'TU VAS VRAIMENT TE MARIER, MICKEY ?
BEN... CH'UIS CONTRE, MAIS... 'PARAÎT, OUI.
HÉ HÉ ! POURQUOI ON APPELLE ÇA LE PLUS BEAU JOUR DE NOTRE VIE ? TOUS LES JOURS OÙ JE ME MARIE PAS, POUR MOI C'EST ÇA, LE PLUS BEAU JOUR DE MA VIE !!
CROUI CROUI
-2%

IMAGINE... SI MON MARIAGE DEVAIT ÊTRE LE PLUS BEAU JOUR DE MA VIE... J'F'RAIS QUOI ? J'LE PASSERAIS AU LIT !...
OUI ! AU LIT AVEC DES FILLES, PLEIN DE FILLES, DES COQUINES PERMISSIVES !
PAREIL ! AVEC 3 NANAS MOI !!
J'ME FERAIS ATTACHER AU LIT ET OINDRE LE CORPS DE NUTELLA, PUIS DES MONICA BELLUCCI ME LAPERAIENT LE CORPS AVEC LEURS PETITES LANGUES MALICIEUSES...
AH EUH... LISA !
MICKEY... ÇA VA ?
AH EUH OUI OUI ÇA VA... JE VISUALISAIS JUSTE NOTRE... EUH... MARIAGE.
ON A LA MÊME CONCEPTION DU PLUS BEAU JOUR DE NOTRE VIE, MICKEY ET MOI !
AH OUI, LAISSE-MOI DEVINER... LE CORPS ENDUIT DE NUTELLA, AU LIT AVEC 3 OU 4 POUFFIASSES ?
EUH JE... ...ZUT, COMMENT ELLE A DEVINÉ ?!?
POV' TYPES !!
...ATTENDS ! ATTENDS !! C'EST PAS FORCÉMENT UN "NON" CATÉGORIQUE, ÇA !! P'TÊT QU'ELLE FAIT UN BLOCAGE SUR LE NUTELLA SIMPLEMENT ?!?
POSE-LUI LA QUESTION AVEC DE LA CONFITURE DE FRAISES DES BOIIIS !!
LES FILLES EN GÉNÉRAL ELLES RAFFOLENT DE LA CONFITURE DE FRAISES DES BOIS !
JIM

ON FAIT COMME TOUT LE MONDE

ON A LA PRESSION

... MOI, C'ÉTAIT SUPER ROMANTIQUE, JE SUIS MONTÉE DANS L'HÉLICO AVEC MON FIANCÉ, IL AVAIT FAIT DÉPOSER MILLE ROSES SUR LES PALES, IH, IH ! L'HÉLICO S'EST ENVOLÉ, LES ROSES VOLAIENT DANS TOUS LES SENS, C'ÉTAIT FÉERIQUE !
WOW
GNA GNA GNA
...ALORS ON A SURVOLÉ LES CHUTES DU NIAGARA, ET LÀ IL M'A FAIT SA DEMANDE EN MARIAGE
!!...
IH!
... GRAVÉ À JAMAIS, ÇA !
... OH C'EST FABULEUX !
MOI C'ÉTAIT À L'OPÉRA GARNIER DURANT L'ENTRACTE, MON FIANCÉ EST MONTÉ SUR SCÈNE, ET FACE À LA FOULE IL M'A CHANTÉ SA DEMANDE EN MARIAGE
...
C'ÉTAIT FOU ! FOU !
OUAAAH ! INOUBLIABLE !
?
TIP TIP TIP TIP TIP
ma ch'R, voulé vou mépouzé?
MOI, BUDGET SERRÉ, CERTES...
... MAIS À MON AVIS... ÇA RESTERA GRAVÉ.
JIM

ON POSE LES RÈGLES DE LA GRANDE CÉRÉMONIE

ON LAISSE RIEN AU HASARD

MOI SI J'ME MARIE, J'TE PRÉVIENS : JE VEUX QU'ON FASSE DES JEUX DÉBILES AU BANQUET DU MARIAGE, ALORS !
EH EH !
C'EST DÉBILE, MAIS AU 8ÈME DEGRÉ, J'ADORE ÇA MOI, LES JEUX DÉBILES.
GENRE QUOI ?!

GENRE L'ENTONNOIR, J'ADORE !
PUTAIIIN... QU'EST-CE QU'IL FAUT PAS ENDURER POUR VIVRE LA JOURNÉE DE SES RÊVES...
TU CONNAIS PAS ? TROP GÉANT, TU VAS VOUAAAR !!
...FAUT JUSTE UNE PIÈCE D'UN EURO POSÉE SUR LE FRONT ET UN ENTONNOIR ICI...
ET ?
ET LE BUT EST DE FAIRE GLISSER 3 FOIS DE SUITE LA PIÈCE DANS L'ENTONNOIR ; SI TU RÉUSSIS, T'AS GAGNÉ !
POK
OH TROP FACILE !
AH J'ADORE COMME JEU ! ATTENDS PLUS QUE 2 FOIS, HA HA !
BOUGE PAS, J'VAIS Y ARRIV...
J'BOUGE PAS
J'BOUGE PAS
PFFF
BLOB BLOB BLOB

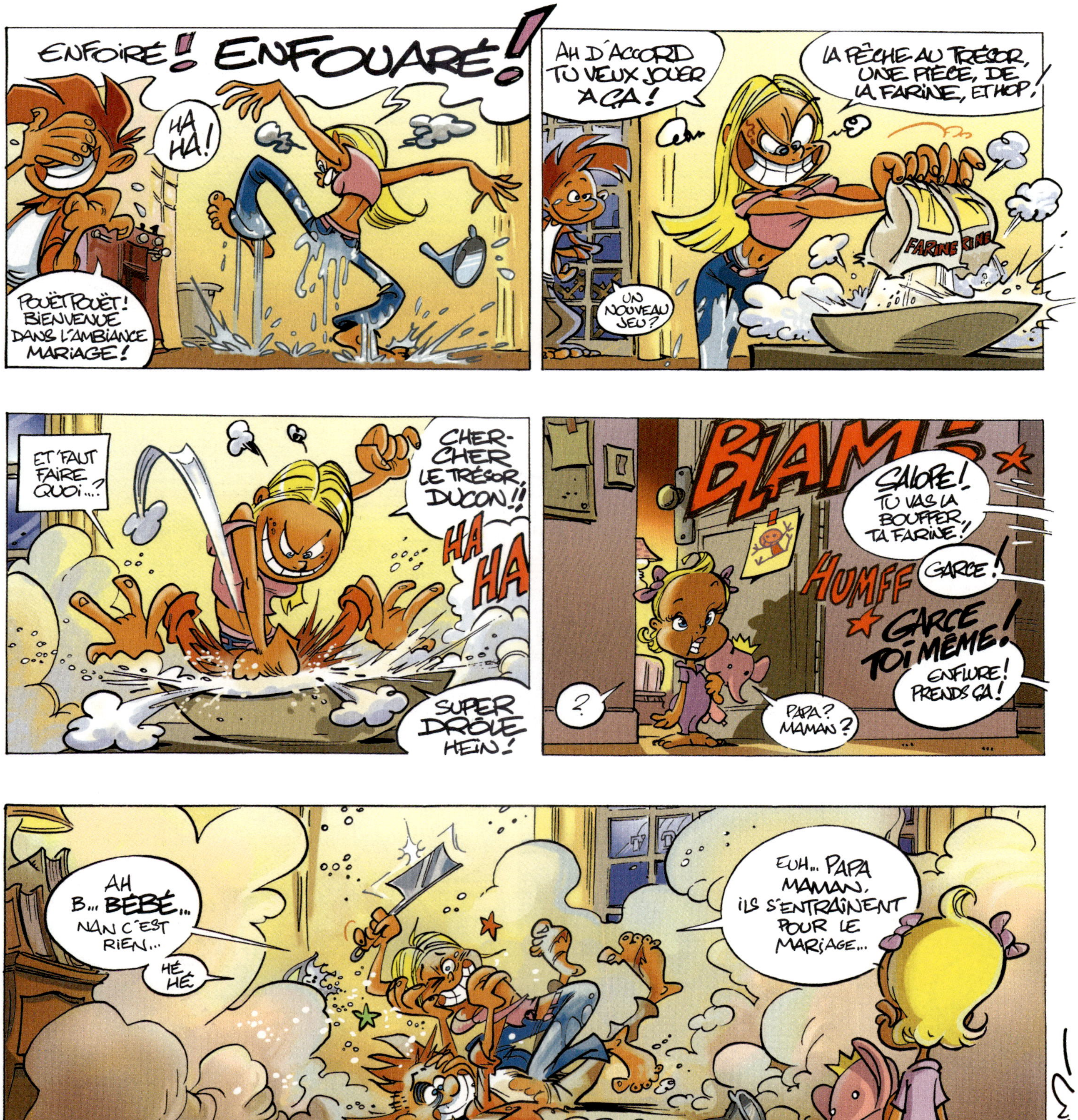

ENFOIRÉ! ENFOUARÉ!
HA HA!
POUËT POUËT! BIENVENUE DANS L'AMBIANCE MARIAGE!
AH D'ACCORD TU VEUX JOUER À ÇA!
LA PÊCHE AU TRÉSOR, UNE PIÈCE, DE LA FARINE, ET HOP!
UN NOUVEAU JEU?
FARINE
ET 'FAUT FAIRE QUOI...?
CHER-CHER LE TRÉSOR, DUCON!!
HA HA
SUPER DRÔLE HEIN!
BLAM!
SALOPE! TU VAS LA BOUFFER, TA FARINE!
HUMFF
GARCE!
GARCE TOI MÊME!
ENFLURE! PRENDS ÇA!
?
PAPA? MAMAN?
AH B... BÉBÉ... NAN C'EST RIEN...
HÉ HÉ
EUH... PAPA MAMAN, ILS S'ENTRAÎNENT POUR LE MARIAGE...

ON SE MARIE D'UN CLIC

C'EST ÇA LES NOUVEAUX PRINCES CH@RMANTS ?

AU BOULOT OÙ JE FAIS MON STAGE D'APTITUDE AU MONDE DE L'EFFORT, SI 'Y A BIEN UN TYPE QUE PERSONNE PEUT ENCADRER, C'EST JEAN-FAB.
J'HÉSITE ENCORE... CELLE-CI ME PLAÎT BEAUCOUP MAIS CELLE-LÀ A DES JAMBES MAGNIFIQUES.
WAHOU ! ET C'EST CHER ?
ÇA GLANDE PAR ICI ET ON M'DIT RIEN ?
J'VEUX DIRE, C'EST TOUT COMPRIS ?

BEN T'ALLONGES LA THUNE POUR LE VOL ET LES FRAIS D'AGENCE. C'EST UN PACK TRÈS RAISONNABLE !... MAIS QUI -HÉLAS- NE COUVRE PAS LES 30 ANS DE MARIAGE QUI SUIVENT, HA-HA.
AH J-FAB, TOUJOURS SUR TON PLAN MARIAGE AVEC UNE RUSSE ?
OUI'P ! J'AI REÇU L'ACCÈS AU ©-CATALOGUE DE CHEZ RUSSIANMARIAGE-MARKET.COM !
... MAIS J'ARRIVE PAS À ME DÉCIDER.

... ET T'HÉSITES ENTRE QUI ET...
OUAH LES BOMBES !
OUI !... ET ILS SONT DANS LA SEMAINE OFFRE PROMOTIONNELLE - FRAIS DE DOSSIER GRATUITS ET PORTE-CLÉ MATRIOCHKA OFFERT - 'FAUT QUE JE ME DÉCIDE VITE...
ICI J'AI KATERINA SUBLIME...
BAV' BAV'

... DISPONIBILITÉ SOUS 15 JOURS, FRAIS RÉDUITS, (CONSOMME TRÈS PEU) CULTIVÉE, BAC + 7, INGÉNIEUR, CHERCHE MARI POUR AMOUR, FIDÉLITÉ, ENFANTS ET + SI AFFINITÉS...
AH OUI ÇA A L'AIR BIEN ÇA...
OH BÉ C'EST BIEN CHAUFFÉ SUR LA PLACE ROUGE, DIS-MOI...

OUI MAIS 'Y A VÉRONICA.
... PLUS JEUNE, PLUS PERFORMANTE, SEINS REFAITS, HYGIÈNE IRRÉPROCHABLE, SPORTIVE, INSATIABLE, RAFFOLE DES JOIES DU SEXE...
AH LES MODÈLES RÉCENTS C'EST BIEN AUSSI...
'FAIT CHAUD, NON ? ON PEUT METTRE LA CLIM' ?

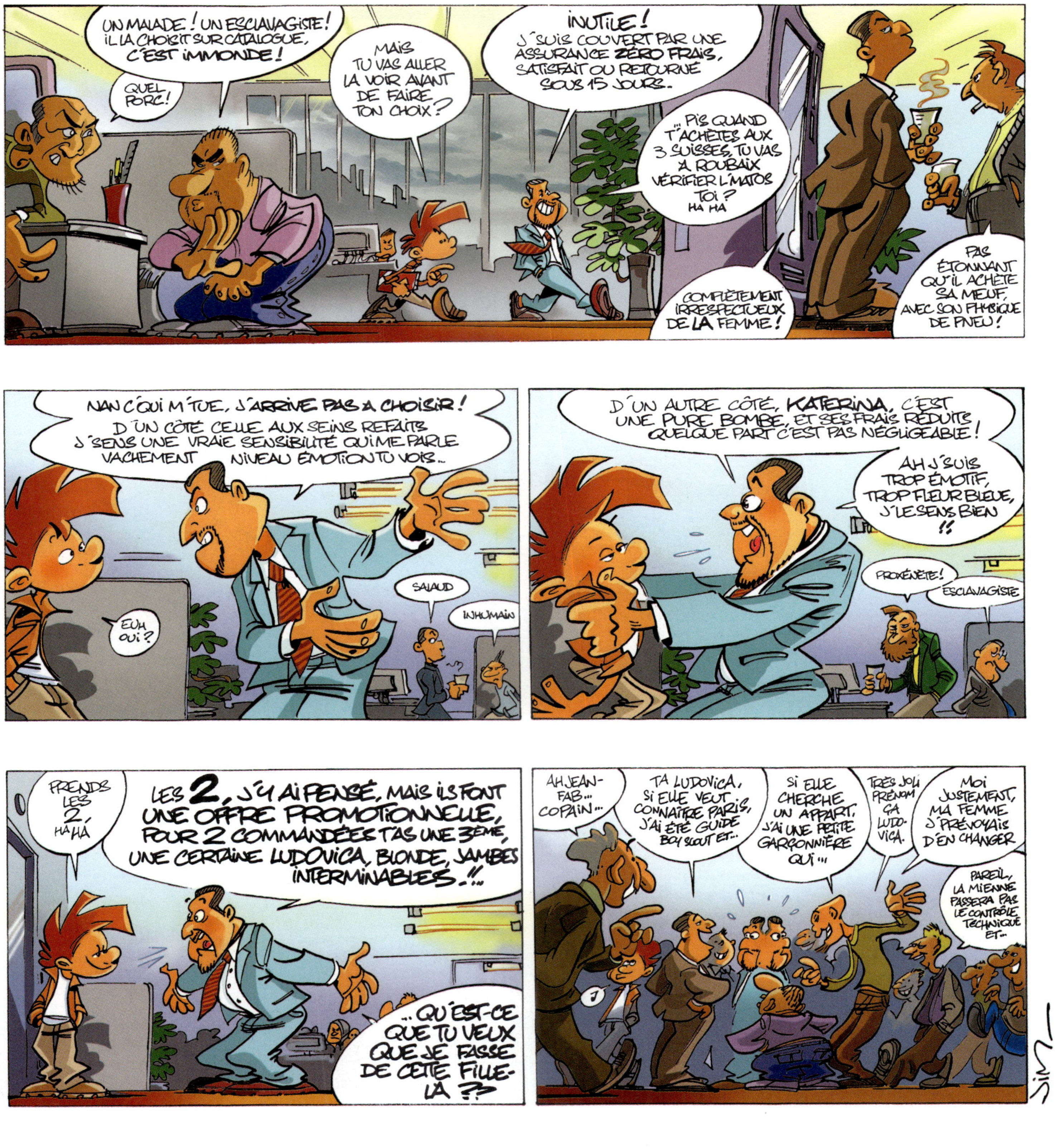
UN MALADE ! UN ESCLAVAGISTE ! IL LA CHOISIT SUR CATALOGUE, C'EST IMMONDE !
QUEL PORC !
MAIS TU VAS ALLER LA VOIR AVANT DE FAIRE TON CHOIX ?
INUTILE ! J'SUIS COUVERT PAR UNE ASSURANCE ZÉRO FRAIS, SATISFAIT OU RETOURNÉ SOUS 15 JOURS.
... PIS QUAND T'ACHÈTES AUX 3 SUISSES, TU VAS À ROUBAIX VÉRIFIER L'MATOS TOI ? HA HA
COMPLÈTEMENT IRRESPECTUEUX DE LA FEMME !
PAS ÉTONNANT QU'IL ACHÈTE SA MEUF, AVEC SON PHYSIQUE DE PNEU !
NAN C'QUI M'TUE, J'ARRIVE PAS À CHOISIR ! D'UN CÔTÉ CELLE AUX SEINS REFAITS J'SENS UNE VRAIE SENSIBILITÉ QUI ME PARLE VACHEMENT NIVEAU ÉMOTION TU VOIS...
EUH OUI ?
SALAUD
INHUMAIN
D'UN AUTRE CÔTÉ, KATERINA, C'EST UNE PURE BOMBE, ET SES FRAIS RÉDUITS QUELQUE PART C'EST PAS NÉGLIGEABLE !
AH J'SUIS TROP ÉMOTIF, TROP FLEUR BLEUE, J'LE SENS BIEN !!
PROXÉNÈTE !
ESCLAVAGISTE
PRENDS LES 2, HA HA
LES 2, J'Y AI PENSÉ, MAIS ILS FONT UNE OFFRE PROMOTIONNELLE, POUR 2 COMMANDÉES T'AS UNE 3ÈME, UNE CERTAINE LUDOVICA, BLONDE, JAMBES INTERMINABLES !!...
... QU'EST-CE QUE TU VEUX QUE JE FASSE DE CETTE FILLE-LÀ ?!
AH JEAN-FAB... COPAIN...
TA LUDOVICA, SI ELLE VEUT CONNAÎTRE PARIS, J'AI ÉTÉ GUIDE BOY SCOUT ET...
SI ELLE CHERCHE UN APPART, J'AI UNE PETITE GARÇONNIÈRE QUI...
TRÈS JOLI PRÉNOM ÇA LUDOVICA.
MOI JUSTEMENT, MA FEMME J'PRÉVOYAIS D'EN CHANGER
PAREIL, LA MIENNE PASSERA PAS LE CONTRÔLE TECHNIQUE ET...
?
Jim

ON SE LAISSE BOUFFER PAR LA FAMILLE

ON A L'ORGANISATION QUI PREND LE CHOU

... JE SAIS PLUS QUI A DIT QUE LE MARIAGE C'EST ESSAYER DE RÉSOUDRE A DEUX LES PROBLÈMES QU'ON N'AURAIT PAS TOUT SEUL...
... MAIS C'EST RUDEMENT BIEN VU...
AH MES PARENTS SONT DÉJA ARRIVÉS.
JAMAIS EN RETARD CEUX-LA !

L'ORGANIIISATION, C'EST PRIMORDIAL ! ALORS POUR VOTRE MARIAGE, IL FAUT ÉTABLIR LA LISTE DES INVITÉS... LISA ! MICKEY ! VOUS NE POUVEZ PAS NE PAS INVITER LES MICHONS, NOS VOISINS !
... AINSI QUE MES ANCIENNES COLLÈGUES, ET LES MONJON, ILS T'ONT VUE GRANDIR, LISA, ET...
LISA... PAUSE... JE PEUX TE PARLER UN INSTANT ?
OUI MON FUTUR ÉPOUX ?
C'EST QUOI C'T'HISTOIRE ?
HORS DE QUESTION QU'ILS CHOISISSENT NOS INVITÉS. ÇA VA PAS NON ?
ET LE FACTEUR ! 30 ANS QUE TOUZOT CONNAIT LA FAMILLE.
JE RÊVE !
BÔÔÔAH DÉTENDS-TOI, JUSTE QUELQUES PÉNIBLES QUI FERONT PARTIE DU DÉCORUM !

QUOI ? DONNE-MOI UNE SEULE RAISON VALABLE POUR LES LAISSER INFLUER SUR NOS CHOIX POUR NOTRE MARIAGE. UNE SEULE !
ILS PAIENT LA MOITIÉ DU MARIAGE.
TIENS, V'LÀ TES PARENTS, CEUX QUI PAIENT L'AUTRE MOITIÉ.
COUCOU LES TOURTEREAUX ÇA BOUME ?
M'OUAIF... NOTRE MARIAGE A NOUS, CE SERAIT PLUTÔT ESSAYER DE RÉSOUDRE A SIX LES PROBLÈMES QU'ON N'AURAIT PAS A DEUX.
... BON ALORS SI VOUS INVITEZ LES VIGNOUX ET LES FONJON, NOUS ON INVITE NOS ARRIÈRE COUSINS LES HAUDEPIN.
ET LES COLLIN !
ET LES MARSOULIN AUSSI !
AH ?
EUH
AH MAIS SI VOUS TAPEZ DANS LES ARRIÈRE COUSINS, IL FAUT À TOUT PRIX INVITER LES HORSOGA AUSSI.
ET TANTE VACHIN, ET SES NEVEUX ! COMMENT ILS S'APPELLENT DÉJÀ LES NEVEUX DE TANTE VACHIN ?
JIM

ON ESSAIE DE POSITIVER

ON REGARDE LE BON CÔTÉ DES CHOSES

TU FAIS QUOI ?
J'M'OCCUPE DE NOTRE LISTE DE MARIAGE ! J'M'APPLIQUE ! TROP BIEN !
C'EST NOËL !

OUIII C'EST ÇA ! ÇA ME RAPPELLE TROP LES LISTES QUE JE FAISAIS AU PÈRE NOËL, SAUF QUE LÀ, LE PÈRE NOËL N'EST PAS SUBVENTIONNÉ QUE PAR LES PARENTS, ON TAXE BEAUCOUP PLUS DE MONDE !
DONC...
... PLUS DE CADEAUX À L'ARRIVÉE !
FAIS VOIR... MICRO MANIAC, JEUX VIDÉOS, Wii, CONSOLE PSP, MANETTES DE JEU, BARRETTES MÉMOIRE POUR JEUX EN RÉSEAUX...
NUL. COMPLÈTEMENT INFANTILE !
... MON PÔV MICKEY, 'FAUT TABLER SUR DE L'UTILE !
UTILE GENRE QUOI ?
DES COUVERTS EN ARGENT, SEAU À CHAMPAGNE, PLATEAUX, PETITS REPOSE-FOURCHETTES DORÉS...
?
C'EST UTILE TOUS CES TRUCS ??
PARFAITEMENT !
... DÉJÀ À CHAQUE NOËL 'Y AVAIT UN RABAT-JOIE POUR TE MINER LE MORAL EN TE DISANT QUE LE PÈRE NOËL N'EXISTE PAS...
LE MARIAGE, C'EST SE LIER CONTRACTUELLEMENT AVEC CE RABAT-JOIE.
JIM

ON INTERROGE CEUX QUI SE SONT MARIÉS

ON EST ÉPATÉS PAR LES MARIAGES SANS TRALALA TSOIN-TSOIN

AH OUI, C'EST RIGOLO, ÇA : Y A NOS COPAINS STAN ET NADÈGE QUI, D'UN COMMUN ACCORD, SE SONT MARIÉS SANS RIEN FAIRE.
P'TITE PAUSE ENTRE MIDI ET DEUX AU BOULOT...
TUT
MÉTROPOLITAIN
COUCOU MON CHOU, J'T'AI PRIS UN MENU BEST OF...

... DU COUP, P'TIT TOUR À LA MAIRIE AVEC DEUX TÉMOINS PRIS AU PIF...
SIMONE, SERVICE COMPTA.
LUC, ASSISTANT DENTISTE, TRÈS SYMPA.
RONF
... VOULEZ-VOUS PRENDRE POUR ÉPOUSE...
T'AS GARDÉ LE TICKET DE CAISSE MAC DO POUR MES NOTES DE FRAIS ?

... ET HOP, ON RETOURNE BOSSER L'AIR DE RIEN.
ALLEZ CIAO CHÉRIE, À C'SOIR !
AH NON, CE SOIR J'AI ENTRAÎNEMENT DE FOOT, À PLUS !
MÉTROPOLITAIN
OUI ALLÔ MATHILDE ?... CES CONTRATS ALORS ? OUI, JE FILE À L'AGENCE LÀ...

FORT ! TRÈS FORT ! C'EST BEAU DE RIEN FAIRE QUAND C'EST D'UN COMMUN ACCORD !! MOI J'POURRAIS PAS...
ET TOI NADÈGE, T'AVAIS PAS ENVIE D'UNE VRAIE ROBE DE PRINCESSE ?
... 'PIS ON S'EST PAS FAIT CHIER AVEC TOUS CES CONS DE LA FAMILLE, C'ÉTAIT GÉANT !

... ENVIE DE LA FOULE, D'ÊTRE L'ATTRACTION, D'ÊTRE UNE MERINGUE, LE NOMBRIL DU MONDE !!
AH NON NON, DU TOUT
... C'ÉTAIT GÉNIAL...
... NAN PIS PAS DÉPENSÉ UN RADIS HAHA...
ON LES EMMERDE TOUS LES AUTRES, LE SYSTÈME, TOUT ÇA !

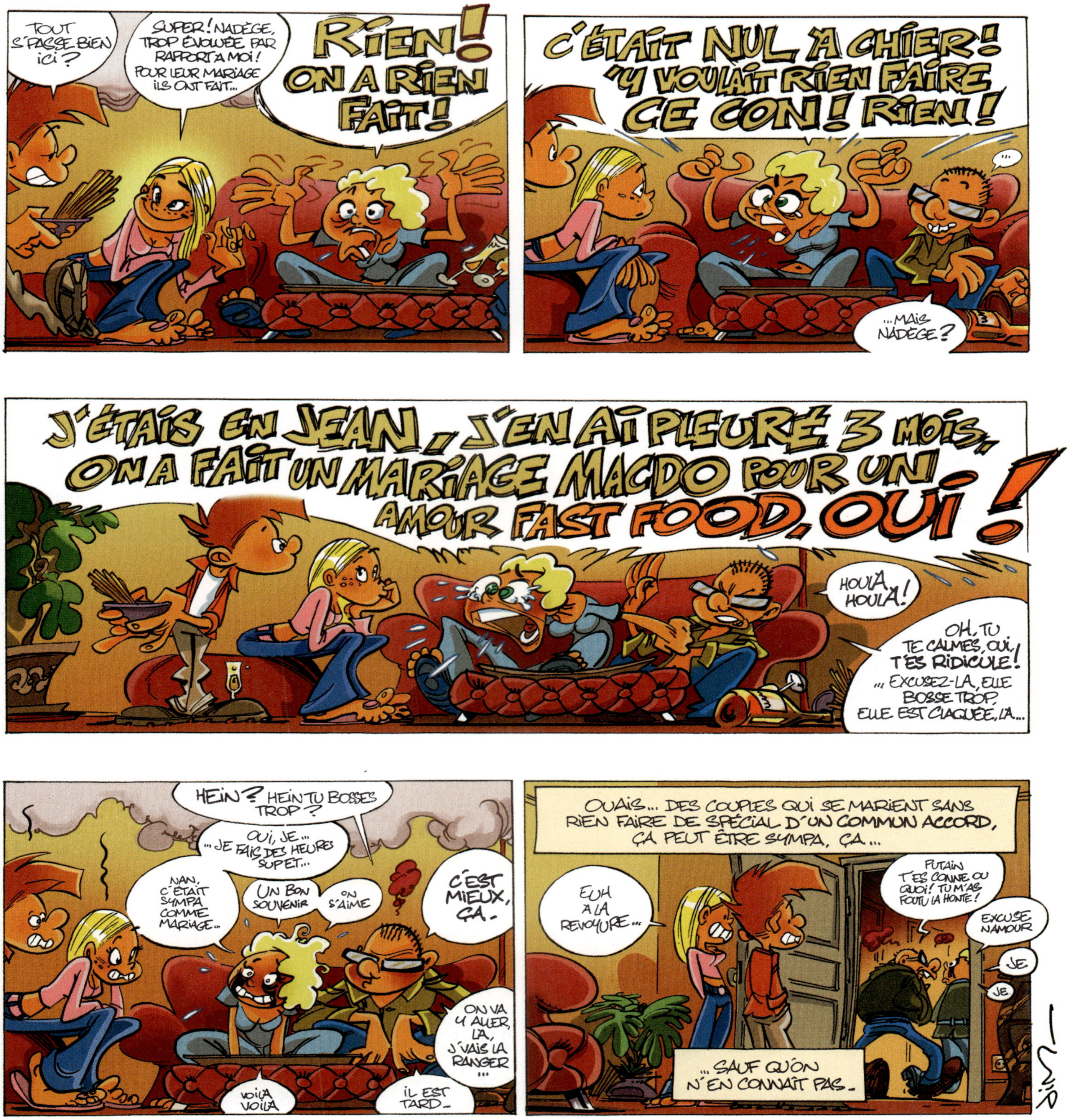

TOUT S'PASSE BIEN ICI ?
SUPER ! NADÈGE, TROP ÉVOLUÉE PAR RAPPORT À MOI ! POUR LEUR MARIAGE ILS ONT FAIT...
RIEN ! ON A RIEN FAIT !
C'ÉTAIT NUL À CHIER ! 'Y VOULAIT RIEN FAIRE CE CON ! RIEN !
...
...MAIS NADÈGE ?
J'ÉTAIS EN JEAN, J'EN AI PLEURÉ 3 MOIS, ON A FAIT UN MARIAGE MACDO POUR UN AMOUR FAST FOOD, OUI !
HOULA HOULA !
OH, TU TE CALMES, OUI, T'ES RIDICULE ! ... EXCUSEZ-LA, ELLE BOSSE TROP, ELLE EST CLAQUÉE, LÀ...
HEIN ? HEIN TU BOSSES TROP ?
OUI, JE... ... JE FAIS DES HEURES SUP ET...
NAN, C'ÉTAIT SYMPA COMME MARIAGE...
UN BON SOUVENIR
ON S'AIME
C'EST MIEUX, ÇA.
ON VA Y ALLER, LÀ, J'VAIS LA RANGER...
VOILÀ VOILÀ
IL EST TARD.
OUAIS... DES COUPLES QUI SE MARIENT SANS RIEN FAIRE DE SPÉCIAL D'UN COMMUN ACCORD, ÇA PEUT ÊTRE SYMPA, ÇA...
EUH À LA REVOYURE...
PUTAIN T'ES CONNE OU QUOI ! TU M'AS FOUTU LA HONTE !
EXCUSE NAMOUR
JE
JE
... SAUF QU'ON N'EN CONNAIT PAS.

ON A LA MÊME VISION DU MARIAGE PARFAIT

ON EST SON HOMME IDÉAL

EN GROS SI J'PIGE BIEN... ELLE A RÉUSSI A ME PERSUADER QU'ON DEVAIT SE MARIER - ET QUE JE SUIS L'HOMME DE LA SITUATION !
OH PUTAIN ELLE EST FORTE - TRÈS FORTE.
RESTE PAS PLANTÉ LÀ, J'AI PRIS RENDEZ-VOUS ! GROUIIILLE !

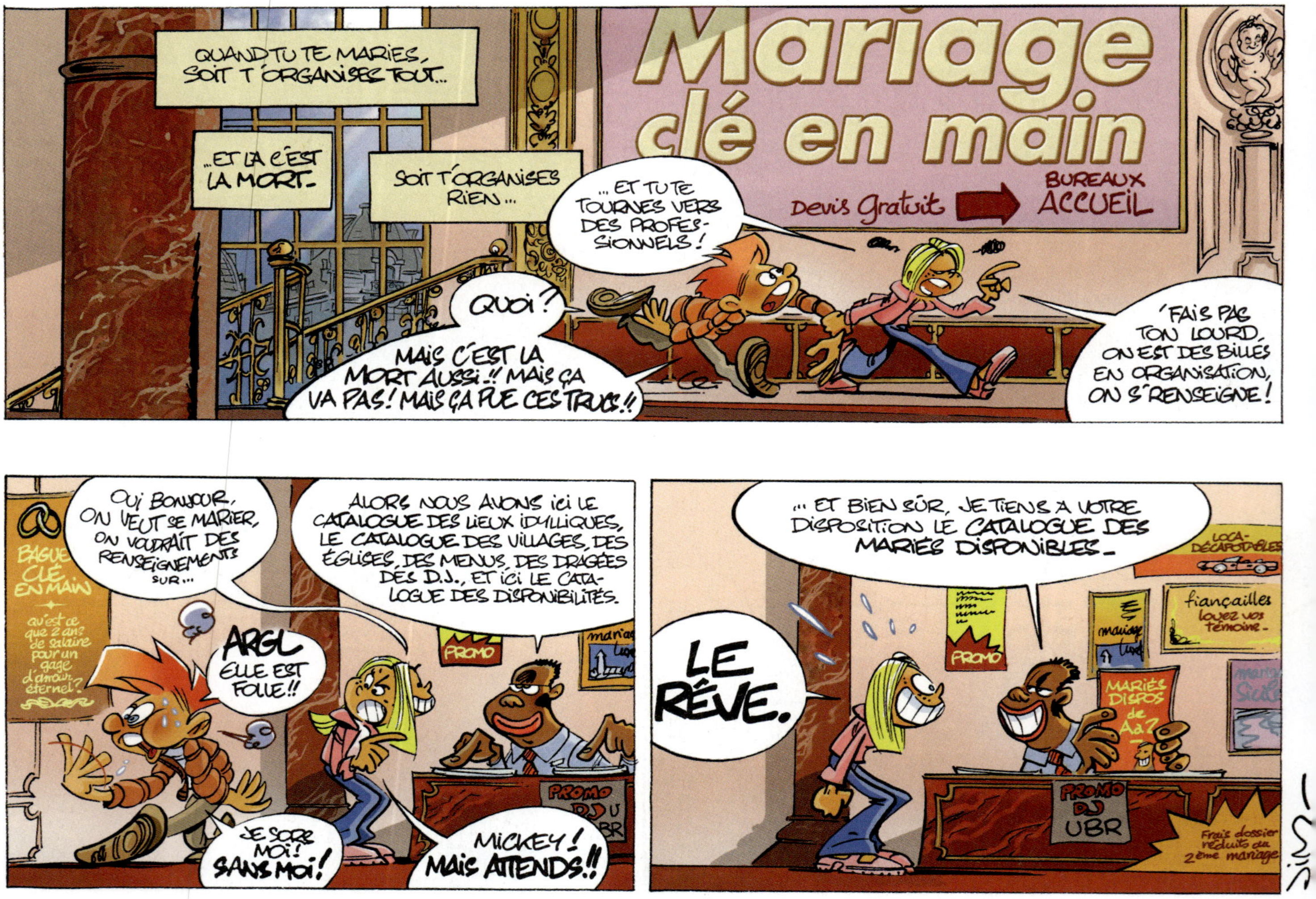

QUAND TU TE MARIES, SOIT T'ORGANISES TOUT...
...ET LÀ C'EST LA MORT -
SOIT T'ORGANISES RIEN...
Mariage clé en main
Devis Gratuit
BUREAUX ACCUEIL
...ET TU TE TOURNES VERS DES PROFESSIONNELS !
QUOI ?
MAIS C'EST LA MORT AUSSI !! MAIS ÇA VA PAS ! MAIS ÇA PUE CES TRUCS !!
'FAIS PAS TON LOURD, ON EST DES BILLES EN ORGANISATION, ON S'RENSEIGNE !
OUI BONJOUR, ON VEUT SE MARIER, ON VOUDRAIT DES RENSEIGNEMENTS SUR...
BAGUE CLÉ EN MAIN
qu'est ce que 2 ans de salaire pour un gage d'amour éternel ?
ALORS NOUS AVONS ICI LE CATALOGUE DES LIEUX IDYLLIQUES, LE CATALOGUE DES VILLAGES, DES ÉGLISES, DES MENUS, DES DRAGÉES DES D.J., ET ICI LE CATALOGUE DES DISPONIBILITÉS.
ARGL ELLE EST FOLLE !!
PROMO
JE SORS MOI ! SANS MOI !
MICKEY ! MAIS ATTENDS !!
... ET BIEN SÛR, JE TIENS À VOTRE DISPOSITION LE CATALOGUE DES MARIÉS DISPONIBLES -
LOCA-DÉCAPOTABLES
fiançailles louez vos témoins -
LE RÊVE.
MARIÉS DISPOS de Aa Z
PROMO DJ UBR
Frais dossier réduits au 2ème mariage

ON MAGOUILLE UN PEU AVEC LES POTES

ON DONNE DANS LE TRI SÉLECTIF

ÉCOUTEZ LES COPAINS, 'Y A UN PLAN A ET UN PLAN B ! LE PLAN A, MARIAGE, FAMILLE, COTILLONS, CORVÉES, 'Y A PAS L'CHOIX...
... MAIS, LE PLAN B !

... A MINUIT ON PRÉTEXTE GROSSE FATIGUE, ON PLIE LES GAULES...
... ET HOP, ON VOUS REJOINT POUR ZE VRAI MARIAGE SANS LES BOULETS DE LA FAMILLE, PAS CON, NON !!!
'M'ÉTONNERAIT QU'ÇA PLIE LES GAULES UN SOIR DE NUIT DE NOCES HA-HA
DES COMMENTAIRES ?
OH PUTAIN LE FOURBE !!
DEUX MARIAGES D'UN COUP ? POUR QUELQU'UN QU'ÉTAIT CONTRE LE MARIAGE ...
SI MOI ! UNE QUESTION : LE MARIAGE PLAN B, 'Y A TOUS LES COPAINS OU QUE DES AMIS SUPER PROCHES ?
EUH BEN 'Y A TOUT LE MONDE, AMIS, COPAINS... J'COMPRENDS PAS BIEN...
OUAIS COMMENT ÊTRE SÛR QU'À 3 H DU MAT' 'Y AURA PAS UN PLAN C AVEC JUSTE QUE VOS VRAIS AMIS TRIÉS SUR LE VOLET ?
PASQUE JE VEUX EN ÊTRE MOI DU PLAN C !
BON ÉCOUTEZ LES GARS, POUR LE PLAN C J'AI PAS EU LE CHOIX, IL S'EST INVITÉ TOUT SEUL... MAIS LE PLAN D CE SERA QU'ENTRE NOUS, LES VRAIS AMIS, OK ?

ON DONNE ENVIE À DES POTES

ON AURAIT JAMAIS CRU, MAIS ÇA DÉMANGE AUSSI PICHON

AH MEETIC ! LA PLUS BELLE INVENTION POUR DRAGOUILLER QUAND ON MESURE 1M12, HEIN ?
MOQUE-TOI !
JE VIS UNE GRANDE ET BELLE RELATION DEPUIS 2 ANS AVEC UNE FILLE. JE L'AIME...
JE L'ADORE, JE FONDS.

WOW ! RAVITAILLEMENT DE PRÉSERVATIFS, Y A DU T'CHOULAGE DANS L'AIR !... ELLE EST CANON ?
AUCUNE IDÉE, ON NE S'EST JAMAIS VUS, NI EN VRAI, NI EN PHOTO...
ON A TROP PEUR DE DÉFLORER LA MAGIE S'TU VEUX.
DEPUIS 2 ANS ?? MAIS T'ES UN GRAND MALADE, TOI !!
PARDON : ROMANTIQUE. MAIS LÀ ELLE VIENT DE ME DEMANDER EN MARIAGE, ON DOIT SE RENCONTRER... CE SOIR...
J'AI PEUR.
MAIS... VOUS VOUS PARLEZ AU TÉL QUAND MÊME ?
AH NON... J'AI SON NUMÉRO, ELLE A LE MIEN... MAIS ON N'OSE PAS...
C'EST SI BEAU, SI RARE ! DEUX ANS DE FOLLES PASSIONS, C'EST PAS RIEN, HEIN ! T'AS VU LE BOUQUET DE FIANÇAILLES POUR ELLE ? SUPER CHER !
200 EUROS !
J'VEUX ÊTRE LÀ QUAND ELLE VA TE DÉCOUVRIR !! S'TE PLAÎT !! DÉJÀ UNE FILLE QUI TOMBE SUR TOI ELLE HALLUCINE, MAIS APRÈS DEUX ANS DE PRÉLIMINAIRES, ÇA VA ÊTRE ORGASMIQUE COMME DÉCONVENUE !
HORS DE QUESTION !
J'PORTE TON SAC DE PRÉSERVATIFS, LAISSE-MOI V'NIR !!
NON C'EST NON !

J'AI RENDEZ-VOUS AVEC L'AMOUR. LE VRAI. LE PUR. JE VAIS ME MARIER. C'EST ÉCRIT. J'AI L'ÂGE ET LA MATURITÉ.
MAINTENANT, 'FAUT ME LAISSER, MICKEY.
J'VEUX ME DOUCHER, ME RASER, M'ÉPILER LE TORSE.
AH MAIS CARRÉMENT ATTEINT, ALORS !
... ET LE SOIR, FILANT DROIT VERS LE LIEU LE PLUS ROMANTIQUE DE LA VILLE...
30 MINUTES D'AVANCE !! FAITES QUE JE SOIS À LA HAUTEUR DE SES PLUS BEAUX RÊVES !
?
TU NOUS RACONTERAS, DIS !
'SÛRE QUE TU VEUX PAS QU'ON T'ACCOMPAGNE ?
SÛRE ! LÂCHEZ-MOI LES FILLES ! J'EN TREMBLE, C'EST SI BÔ, SI FORT !
VOUS POUVEZ PAS COMPRENDRE !!
TU... TU ES VENUE... J'EN FRÉMIS...
J'ADORE TA VOIX ! SI SENSIBLE, SI HOMME !
MONTRE-TOI, JE ME LANGUIS DE POUVOIR TE TOUCHER, TE DÉCOUVRIR...
EH BIEN ME VOILÀ, MA FIANCÉE !
DES FLEURS ?? C... C'EST TOUT ?
ET VOILÀ, PERSONNE ! IL S'EST DÉBINÉ CE CON !
QU'EST-CE QUE J'EN AI À PÉTER DE SON BOUQUET PRÉTENTIEUX, MOI !!
EUH
NAN MAIS JE...
...EH OUI, FOUTEZ-VOUS DE MOI LES FILLES ! ENCORE UN RDV FOIREUX, AH J'EN AI MARRE DE CES MECS QUI SE SENTENT PAS À LA HAUTEUR !!
LA PROCHAINE FOIS... UNE ROSE MINABLE À 2 € ...
...ÇA ME METTRA PLUS EN VALEUR !
JIM

ON CAUSE DIVORCE ET SÉPARATION (1)

(1) AUTHENTIQUE, LES NOTAIRES ILS FONT RIEN QU'À TE DÉMOTIVER

ON CROIT QUE C'EST SIMPLE DE SE MARIER, EN FAIT ADMINISTRATIVEMENT, C'EST QUE CHIANT. PIS 'FAUT SE FARCIR UN NOTAIRE, AUSSI...
SI VOUS VOULEZ BIEN ENTRER...

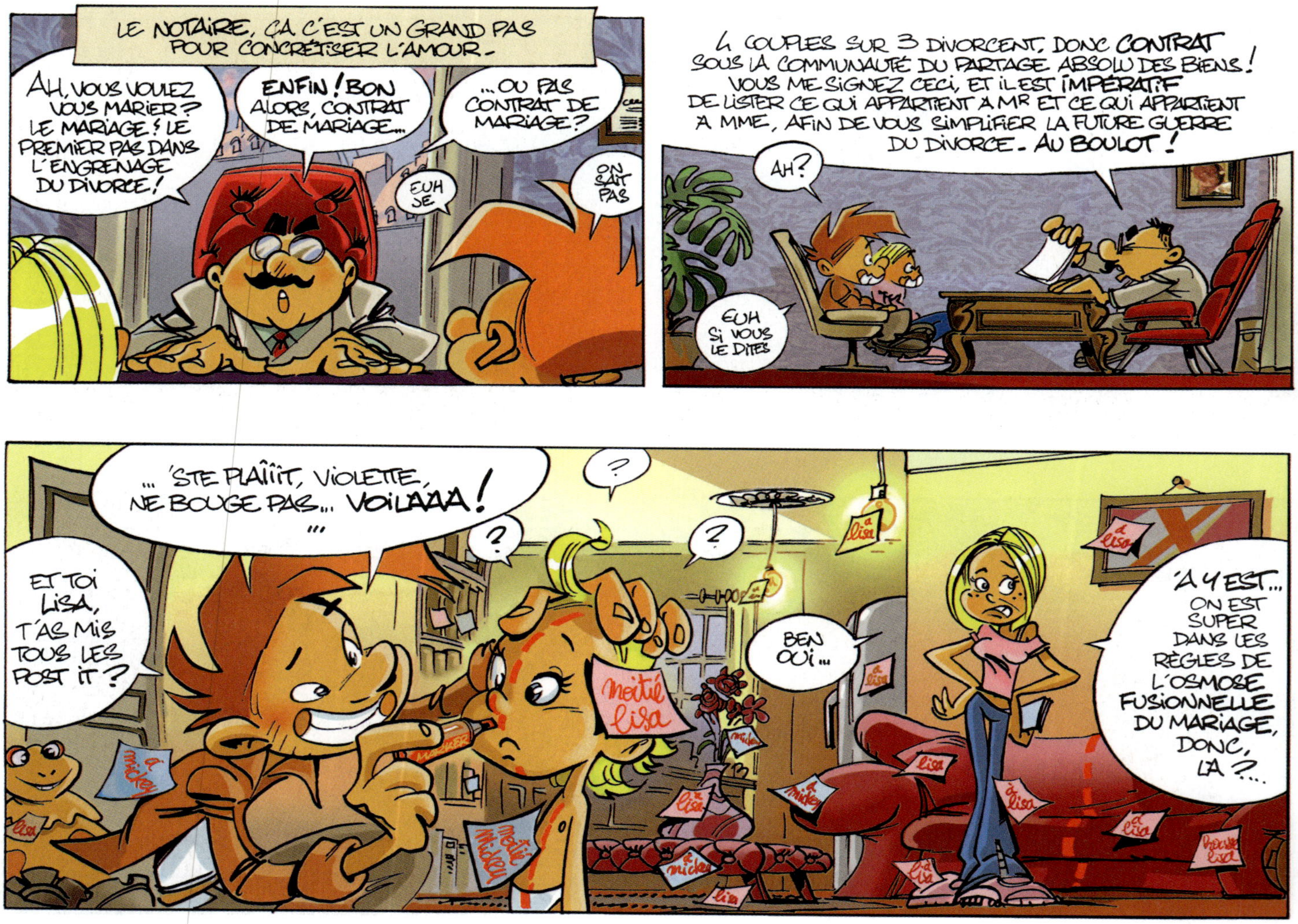
LE NOTAIRE, ÇA C'EST UN GRAND PAS POUR CONCRÉTISER L'AMOUR.
AH, VOUS VOULEZ VOUS MARIER ? LE MARIAGE ! LE PREMIER PAS DANS L'ENGRENAGE DU DIVORCE !
EUH JE
ENFIN ! BON ALORS, CONTRAT DE MARIAGE...
...OU PAS CONTRAT DE MARIAGE ?
ON SAIT PAS
4 COUPLES SUR 3 DIVORCENT, DONC CONTRAT SOUS LA COMMUNAUTÉ DU PARTAGE ABSOLU DES BIENS ! VOUS ME SIGNEZ CECI, ET IL EST IMPÉRATIF DE LISTER CE QUI APPARTIENT À MR ET CE QUI APPARTIENT À MME, AFIN DE VOUS SIMPLIFIER LA FUTURE GUERRE DU DIVORCE. AU BOULOT !
AH ?
EUH SI VOUS LE DITES
... 'STE PLAÎÎÎT, VIOLETTE, NE BOUGE PAS... VOILÀAAA !
ET TOI LISA, T'AS MIS TOUS LES POST IT ?
?
?
BEN OUI...
'A Y EST... ON EST SUPER DANS LES RÈGLES DE L'OSMOSE FUSIONNELLE DU MARIAGE, DONC, LÀ ?...

...TU SAIS, A BIEN Y RÉFLÉCHIR, J'TROUVE QU'IL CAUSE PAS ASSEZ D'AMOUR CE NOTAIRE...
SI ÇA T'EMBÊTE PAS, J'AIMERAIS BIEN EN CHANGER...
AH MAIS JE PENSE TOUT PAREIL !!
C'EST UN FONDU DU DIVORCE ! ON CHANGE !
METTRE UNE BONNE AMBIANCE À SON MARIAGE
COMMENT ÉCRASER LES AUTRES FILLES À SON MARIAGE
ON VA S'MARIER, MERD' ! NOUS CAUSER D'AMOUR C'EST QUAND MÊME LE MINIMUM !
VIENS LÀ, J'AI TROUVÉ !
NOTAIRES & ASSOCIÉS, J'LE SENS BIEN ÇA !
2 HEURES D'ATTENTE... OH QUE C'EST PASSIONNANT DE SE MARIER...
ATTENTE
C'EST À VOUS.
'PAS TROP TÔT.
SI VOUS VOULEZ BIEN ENTR...
EH ! LISA !
AH ERIC ! MON MONO !
MON 1ER AMOUR ! TU TE SOUVIENS ? LES FLOTS BLEUS... LA COLO...
AH LISA, T'AS PAS CHANGÉ ! CORPS DE RÊVE... QU'EST-CE QUE J'AI PU TE PLEURER QUAND TU M'AS QUITTÉ !...
LISA, LISA !!!
TOUSS' TOUSS' !
J'EXIST' J'EXIST'
JE
LES MOTS SONT INUTILES...
AAH ÉRIIIC... IL CAUSE D'AMOUUUR COMME PERSONNE...
OUAIS BEN MOI J'PRÉFÈRE LE NOTAIRE D'HIER ! IL CAUSAIT QUE DIVORCE, CERTES...
...MAIS IL LES CAUSAIT PAS !
JIM

ON Y VA À FOND DANS LE CÉRÉMONIAL

ON SE FAIT LA TOTALE

PF... RENCONTRER L'CURÉ, SE MARIER A L'ÉGLISE... BIEN UNE IDÉE A TA MÈRE, ÇA !!
ÇA VA ÊTRE D'UN ENNUI...
DING
DING
DANGER Bonnes Sœurs méchantes
MAIS NON, C'EST ÇA UN VRAI MARIAGE : LE CÔTÉ FOLKLO, DISNEYLAND ET HARMONIUM ! TROP FUN !

BONJOUR MON PÈRE...
C'EST PAS VRAI... LISA ? LISA DES 3 CHALETS !!
HIVER 92 !!
BIBLE 2008

LUDO ! MON LUDO ! T'ES RENTRÉ DANS LES ORDRES, TOI ??
'BIEN OBLIGÉ, TU M'AS BRISÉ LE CŒUR !
OUAH LISA ! SAINTE VIERGE. APPARITION DIVINE !
ARRÊT CARDIAQUE...
LES OISEAUX SE CACHENT POUR MOURIR...
ALLÉLUIA !

ON FAIT CONNAITRE NOTRE BONHEUR

ON ANNONCE NOTRE MARIAGE À LA TERRE ENTIÈRE

GLUPS... TU VOIS, QUAND J'TE DISAIS QU'AU TÉLÉPHONE, LA VOIX DE CET IMPRIMEUR DE FAIRE-PART DE MARIAGE ME RAPPELAIT VAGUEMENT QUELQU'UN...
EUH OUI, JE VOIS...
BRRRR
... SAMUEL HENRI DU CM2 ?
... À MOINS QUE CE NE SOIT ÉRIC BRUGNON DU CE1 ? IL ÉTAIT DÉJÀ EXTRÊMEMENT JALOUX ET...

ON MET LE PAQUET DANS LE DECORUM

ON SE MET EN SCÈNE

PF! IL EN FOUT PAS UNE, TOUJOURS AU CHOM'DU!
NOT' PETITE-FILLE, SE MARIER AVEC UN TOCARD PAREIL!
... ET RADIN AVEC ÇA! ET JAMAIS UN SOU EN POCHE!
CHUT CHUT! LES V'LA!

MA FIFILLE, LA PLUS BELLE! .. ALORS TU VEUX NOUS EMPRUNTER LA VIEILLE CADILLAC?
OUI, CE S'RAIT GÉANT POUR LE MARIAGE!
... MAIS ELLE ROULE ENCORE?
PASQUE SI Y'A DES RÉPARATIONS À FAIRE, ON PEUT LES PAYER HEIN...
MAIS GROS RÊVE DE LISA, ÇA, LA CADILLAC.
TIENS, VIENS VOIR SI ELLE ROULE! ELLE EST DANS LA GRANGE, J'TE L'AI LUSTRÉE, BICHONNÉE, ET J'AI MÊME PRÉPARÉ LA SURPRISE DU CHEF!
WOW! MAIS ELLE BRILLE!
AH MAIS CARRÉMENT! PAPY T'ES FOU!
OUAH! CLASSE! SUPER PRESTIGE!!
... QUE MADEMOISELLE SE DONNE LA PEINE DE L'ESSAYER! PRINCESSE, VOULEZ-VOUS?
C'EST VRAI JE PEUX? ELLE MARCHE?
AVEC UN PAPY COMME TOI, LE GRAND JOUR SERA UN PLUS GRAND JOUR!

BROP
VRACOM
OUI ELLE MARCHE! ELLE PÉTARADE!
PËT PËT
JE VEUX, DU 35 LITRES AU CENT!
ET TU VAS VOIR MA SURPRISE... PRIMO, ICI PETIT BOUQUET DE LA MARIÉE...
BBROOAAAAAAM
BLOM
...ET DEUZIO, TU DEVINERAS JAMAIS...
??
...JE CONNAIS CE BRUIT...
KLING
OUI LE BRUIT DES CASSEROLES HAHA DÉLIRE!
ON S'Y CROIRAIT. J'VAIS M'MARIER! QUI M'AIME ME SUIVE!
OUPS!
EH!
KLING
AÏE AÏE AÏE
STOP!!
ARRÊTEZ! ARRÊTEZ C'EST BON, ON LA PREND!
AÏE OUILLE
C'EST GÉNIAL! ET MÊME LA SUSPENSION, HEIN, PAS DU TOUT TAPE-CUL! HA HA, C'EST DU VELOURS!
AÏLLE
CLING
BANG
ET ON ENTEND BIEN LE MOTEUR, HEIN!
TIENS, TOURNE ICI, ON VA FAIRE LE TOUR DU VILLAGE!

AÏE
AÏE
LES MONTÉES? UN VRAI PLAISIR!
AÏE
SCRUICH
SCRUCH
... LES DESCENTES? UN PUR RÉGAL!
OH ÉCOUTE PÉPÉ, C'EST TROP GÉNIAL, 'FAUT ABSOLUMENT QUE TU NOUS LA LOUES, ELLE EST PARFAITE!
LA LOUER? MA FI-FILLE VOYONS, JE TE LA PRÊTE, MARIE-TOI AUTANT DE FOIS QUE TU LE VEUX!
OUAH T'ES GÉNIAL! T'AS VU ÇA MICKEY!!
EUH
J'ESSAYAIS DE SUIVRE, OUI...
EUH CHÉRIE, OUI OUI ON LA PREND, MAIS ON PEUT Y ALLER, LÀ?
UNE URGENCE...
AUX URGENCES JUSTEMENT...
B... BESOIN D'UNE GREFFE... J'T'EXPLIQUERAI...
... ET LE JOUR DU MARIAGE.
OUAH! MAGNIFIQUE LA CADILLAC!!
J'ESPÈRE BIEN...
... PASQU'ELLE M'A COÛTÉ LA PEAU DU CUL!
GASP

ON VEUT UN CADRE QUI NOUS RESSEMBLE

ON VEUT LA SALLE PARFAITE

AH NON, LÀ LE SHOPPING J'PEUX PAS ! AVANT ON AVAIT UNE VIE NORMALE ET DÉCENTE LES WEEK-ENDS... MAINTENANT ON CHERCHE LE LIEU POUR NOT' MARIAGE !
... ET ON VOIT DES TRUCS BIEN MOCHES, J'TE DIS PAS !
'TROP TROP MOCHE
PÉT PÉT
SOLDES
AH BEN JE VOUS LAISSE FILER ALORS... BON COURAGE LES TOURTEREAUX !

... C'EST LÀ QU'ON SE DEMANDE, C'EST IMPOSSIBLE DE LOUER UN LIEU DE RÊVE À PRIX CORRECT OU QUOI ??
location mariage
... DU COUP QUAND ÇA NOUS PLAÎT PAS, LISA & MOI ON A INSTAURÉ UN CODE ENTRE NOUS QUI VEUT DIRE : "C'EST À CHIER, BARRONS-NOUS DE CE PLAN MERDEUX"... MAIS DE FAÇON PLUS POLIE :
"BEN ÉCOUTEZ, C'EST TRÈS TENTANT, ON VA RÉFLÉCHIIIR..."
MAIS BIEN SÛR ! PAIEMENT 4 FOIS SANS FRAIS...
"AH C'EST PLEIN DE CHARME, HEIN..."
... PETIT PONT POUR LES PHOTOS... VOUS TROUVEREZ PAS MIEUX...

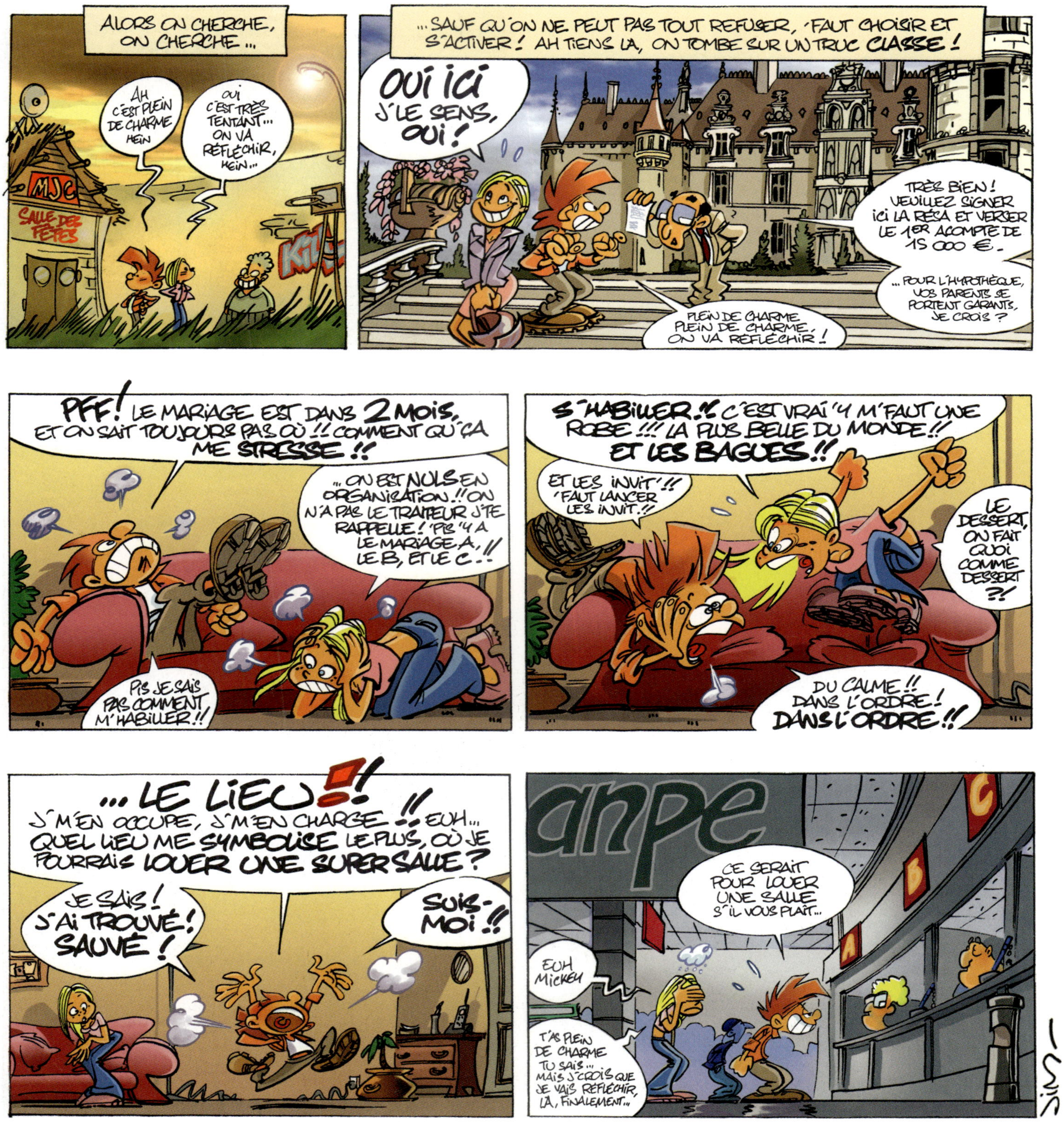
ALORS ON CHERCHE, ON CHERCHE...
MJC
SALLE DES FÊTES
AH C'EST PLEIN DE CHARME HEIN
OUI C'EST TRÈS TENTANT... ON VA RÉFLÉCHIR, HEIN...
...SAUF QU'ON NE PEUT PAS TOUT REFUSER, 'FAUT CHOISIR ET S'ACTIVER ! AH TIENS LÀ, ON TOMBE SUR UN TRUC CLASSE !
OUI ICI J'LE SENS, OUI !
TRÈS BIEN ! VEUILLEZ SIGNER ICI LA RÉSA ET VERSER LE 1ER ACOMPTE DE 15 000 €.
...POUR L'HYPOTHÈQUE, VOS PARENTS SE PORTENT GARANTS, JE CROIS ?
PLEIN DE CHARME PLEIN DE CHARME, ON VA RÉFLÉCHIR !
PFF ! LE MARIAGE EST DANS 2 MOIS, ET ON SAIT TOUJOURS PAS OÙ !! COMMENT QU'ÇA ME STRESSE !!
...ON EST NULS EN ORGANISATION !! ON N'A PAS LE TRAITEUR J'TE RAPPELLE ! 'PIS 'Y A LE MARIAGE, A, LE B, ET LE C.. !!
PIS JE SAIS PAS COMMENT M'HABILLER !!
S'HABILLER !! C'EST VRAI 'Y M'FAUT UNE ROBE !!! LA PLUS BELLE DU MONDE !! ET LES BAGUES !!
ET LES INVIT' !! 'FAUT LANCER LES INVIT' !!
LE DESSERT, ON FAIT QUOI COMME DESSERT ?!
DU CALME !! DANS L'ORDRE ! DANS L'ORDRE !!
... LE LIEU !!
J'M'EN OCCUPE, J'M'EN CHARGE !! EUH... QUEL LIEU ME SYMBOLISE LE PLUS, OÙ JE POURRAIS LOUER UNE SUPER SALLE ?
JE SAIS ! J'AI TROUVÉ ! SAUVÉ !
SUIS-MOI !!
anpe
CE SERAIT POUR LOUER UNE SALLE S'IL VOUS PLAÎT...
EUH MICKEY
T'AS PLEIN DE CHARME TU SAIS... MAIS J'CROIS QUE JE VAIS RÉFLÉCHIR, LÀ, FINALEMENT...

ON RENIE TOUS NOS PRINCIPES

ON ENDURE DES TRUCS, J'TE DIS PAS

TOUT EST AFFAIRE D'ORGANISATION !
NOUS, TOUT EST PRÊT POUR NOTRE MARIAGE QUI EST DANS UN MOIS... TOUT !
OH LES VEINARDS !
ILS SONT FORMIDABLES !
... CE SOIR, CORVÉE ! MA MÈRE NOUS A SUPPLIÉS DE VENIR PRENDRE L'APÉRO AVEC LE COUSIN QUI, LUI, A SUPER ORGANISÉ SON MARIAGE... 'ENFOIRÉ !
PRÉPARER UN MARIAGE, C'EST UN BONHEÛÛÛR ! 10 ANS QU'ON ÉPARGNE, 4 ANS QUE LA SALLE EST RÉSERVÉE, 2 ANS QUE LES ÉTIQUETTES DE VIN À NOS INITIALES EN LETTRES D'OR ONT ÉTÉ IMPRIMÉES...
LES MOJITOS SONT PRÊTS, J'AMÈNE... PF...
OUH IL ME SAOÛLE LE COUSIN QU'EMPESTE L'AFTER-SHAVE LACOSTE ...
PRENDS DES LEÇONS, VA ! VILAIN JALOUX !
... MOJITOS POUR TOUT LE MONDE ! ET LONGUE VIE AUX MARIÉS, DONC...
ET VOUS AUSSI ALORS... ? IL PARAÎT QUE VOUS VOUS MARIEZ ?
EEEH OUI ! ENFIN NOUS C'EST UN PEU PLUS DÉSORGANISÉ...
ON SAIT NI OÙ, NI QUAND... ET VAGUEMENT AVEC QUI...
ENFIN ! JE PORTE UN TOAST À TOUS LES AMOUREUX QUI...
OUPS !
ZUT PARDON ! CH'UIS MALADROITE !!
WOF
OUF ! C'EST PAS TA CHEMISE DÉJÀ REPASSÉE-PARFUMÉE-BRODÉE DE NOS NOMS POUR LE MARIAGE !
ALLEZ VIENS ! ON VA CHANGER CETTE CHEMISE !!
... MAIS NON ÇA VA SÉCHER...
TEUTEUTEU, C'EST MA FAUTE, JE VAIS TE SÉCHER ÇA AU SÈCHE-CHEVEUX !
ON REVIENT EH EH
ÔTE-MOI CETTE CHEMISE, GRAND FOU.

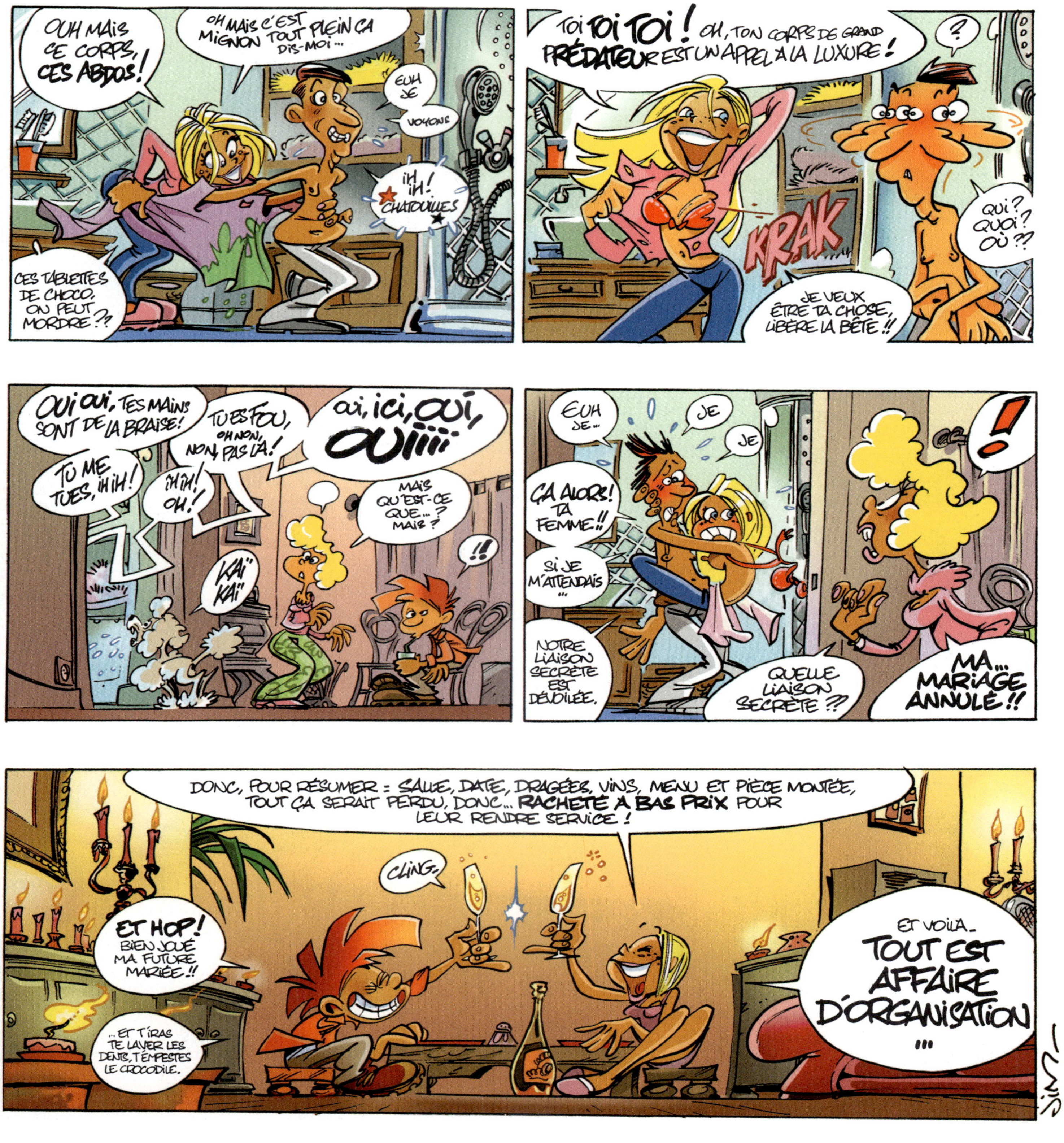
OUH MAIS CE CORPS, CES ABDOS!
OH MAIS C'EST MIGNON TOUT PLEIN ÇA DIS-MOI...
EUH JE
VOYONS
IH IH! CHATOUILLES
CES TABLETTES DE CHOCO. ON PEUT MORDRE ?!
TOI TOI TOI! OH, TON CORPS DE GRAND PRÉDATEUR EST UN APPEL À LA LUXURE!
?
KRAK
QUI? QUOI? OÙ ?!
JE VEUX ÊTRE TA CHOSE, LIBÈRE LA BÊTE!!
OUI OUI, TES MAINS SONT DE LA BRAISE!
TU ES FOU, OH NON, NON, PAS LÀ!
OUI, ICI, OUI, OUIIIII
TU ME TUES, IHIH!
IHIH! OH!
MAIS QU'EST-CE QUE...? MAIS?
KAÏ KAÏ
!!
EUH JE...
JE
JE
!
ÇA ALORS! TA FEMME!!
SI JE M'ATTENDAIS...
NOTRE LIAISON SECRÈTE EST DÉVOILÉE.
QUELLE LIAISON SECRÈTE ?!
MA... MARIAGE ANNULÉ!!
DONC, POUR RÉSUMER : SALLE, DATE, DRAGÉES, VINS, MENU ET PIÈCE MONTÉE, TOUT ÇA SERAIT PERDU, DONC... RACHETÉ À BAS PRIX POUR LEUR RENDRE SERVICE!
CLING.
ET HOP! BIEN JOUÉ MA FUTURE MARIÉE.!!
...ET TIRAS TE LAVER LES DENTS, TEMPESTES LE CROCODILE.
ET VOILÀ... TOUT EST AFFAIRE D'ORGANISATION...

ON VIT LE TRUC À FOND

C'EST AUJOURD'HUI ?
C'EST AUJOURD'HUI ??

ET LÀ C'EST INSENSÉ... TU TE LÈVES UN MATIN ET... C'EST LE JOUR DE TON MARIAGE.
OH PUTAIN ! LA PLUS BELLE MATINÉE DU PLUS BEAU JOUR DE MA VIE C'EST MAINTENANT.
BÉATITUDE MODE/ON.

ET AUTANT DE BONHEUR, CE SERAIT DOMMAGE DE PAS SAVOURER.
PUTAIN TROP À LA BOURRE LA PIÈCE MONTÉE N'A PAS ÉTÉ LIVRÉE !
ARGL !
MON RENDEZ-VOUS CHEZ LA MANUCURE !
DÉCALEZ LE COIFFEUR ! ET PENDANT LE MAQUILLAGE, L'ESTHÉTICIENNE PEUT ME FAIRE LE MAILLOOOT ?!
QUELLES CHAUSSURES AVEC MON COSTUME ?!

...'COMPRENDS PAS, ÇA DOIT ÊTRE LE JOINT DE CULASSE !...
BOUCLE-LA, PAPY ! POUSSE !!
... ON EST À LA BOURRE POUR LA MAIRIE !! POURQUOI ON N'A PAS PRIS LA FIAT PANDA ?!!

ET PUIS... FINALEMENT... PETIT MIRACLE. AU STRESS SE MÊLE UNE CERTAINE FORME DE SÉRÉNITÉ ...
TOUT S'APAISE ET SE MET EN PLACE...
TU ES PRÊTE POUR LE GRAND MOMENT MON ♥ ?
JE N'EN LOUPERAI PAS UNE MIETTE, MON CHATON...
SI TU ME MONTRES TON STRING, PLUS TARD JE ME MARIERAI AVEC TOI.
J'VEUX UNE ATTESTATION ÉCRITE...

...MICKEY ICI PRÉSENT, JUREZ-VOUS DE TOUT PARTAGER, Y COMPRIS LES DETTES CONTRACTÉES PAR L'UN OU L'AUTRE DES ÉPOUX, AVEC LA JEUNE ET IMPATIENTE LISA, ICI PRÉSENTE ?
OUI CHEF, JE L'JURE, J'LA KIFFE TROP, J'LA VEUX !
RÔÔÔH ARRÊTE, T'ES BALOURD LÀ !
... ET VOUS, LISA, SOUHAITEZ-VOUS PRENDRE POUR ÉPOUX MICKEY, ET JUREZ-VOUS FIDÉLITÉ, QUELLES QU'EN SOIENT LES CIRCONSTANCES (MALADIE, HANDICAP, HERPÈS GALOPANT OU BEC-DE-LIÈVRE) JUSQU'À CE QUE LA MORT VOUS SÉPARE ?
OUI JE LE VEUX...
EUH ZUT, ATTENDS J'AI LOUPÉ MON ZOOM, J'ÉTAIS FLOU, TU PEUX LA REFAIRE ?
OUI... JE LE VEUX...
MERCI... J'ÉTAIS PAS FLOU, C'ÉTAIT JUSTE POUR LE PLAISIR DE L'ENTENDRE DEUX FOIS...
VIVE LES MARIÉS
HIP HIP HIP
ET LÀ C'EST INSENSÉ... TU TE LÈVES UN MATIN ET C'EST LE JOUR DE TON MARIAGE !?
OH NON NON ! CON DE RÊVE !
J'VENAIS DE TOUT M'TAPER, LÀ ! C'ÉTAIT FAIT ! SOÛLAAANT !!
JIM

ON NAGE EN PLEIN BONHEUR

ON A DIT "OUI", ON A DIT "OUI" !!

J'ME DEMANDE COMMENT FONT LES MARIÉS POUR ENCAISSER TOUTE CETTE PRESSION !
FOU HEIN ! ILS FLIPPENT, ET UNE FOIS QUE C'EST PARTI, TOUT ROULE POUR EUX !
MARIAGE SUIVANT ! ALLEZ ALLEZ !
ON EST MARIÉS !
ON EST MARIÉS !
ENCORE 32 MARIAGES CET APRÈS-MIDI, 'VA FALLOIR S'ACTIVER !

A L'ÉGLISE... RESTER DEBOUT AVEC LE SOURIRE PENDANT 3H !!...
RONFL
MAMAN J'CROIS QUE PAPY EST MORT, IL EST TOUT FROID !
ÇA VOUS A PLU ? LA CÉRÉMONIE N'ÉTAIT PAS TROP LONGUE ?
LONGUE ? AH NON NON DU TOUT !
SUPER GROSSE ÉMOTION ! SUPER RYTHME !

C'EST ICI !!
OUI !! VIN D'HONNEUR !!
VIN D'HORREUR, OUI.
TUER LE TEMPS JUSQU'À 21 H EN S'EMPIFFRANT DE BRIOCHES, JE CONNAIS RIEN DE MOINS EXCITANT...
MAIS COMMENT ILS FONT POUR AVOIR UNE PATATE D'ENFER COMME ÇA !!

EXCUSEZ-MOI, JE SUIS LE TRAITEUR, ON A UN GROS GROS SOUCI SUR LE STOCK EN CUISINE !!
AH BON? RESTONS COOL, FAITES VOIR ...
OUI, COOL, COOL.
'Z'ONT UN TRUC C'EST PAS POSSIBLE!
MÊME FACE AUX TUILES, ILS RESTENT ZEN!
REGARDEZ! TOUT LE STOCK CHAMPAGNE CUVÉE GRAND PRESTIGE! VIDÉ PAR DES ARSOUILLES!
OH-ZUT-ALORS-MAIS-QUI A-PU-FAIRE-ÇA?

ON BOIT LES CONSEILS DES DEJÀ-MARIÉS

ON S'ENIVRE, ON S'ENIVRE

NOUS? DEPUIS QU'ON EST MARIÉS, SI ÇA A CHANGÉ QUELQUE CHOSE? BÔAF NON... ABSOLUMENT RIEN ...
HÉLAS.
LE MARIAGE? AH SI, SI, ÇA CHANGE POSITIVEMENT, DANS LE SENS OÙ C'EST ACQUIS, Y'A MOINS D'EFFORTS À FAIRE, MOINS DE FRAIS RESTO, TOUT ÇA...
REPOSANT.

FISCALEMENT, LE MARIAGE C'EST ROMANTIQUE. POUR LE RESTE C'EST À CHIER.
PAREIL. SI C'ÉTAIT À REFAIRE, J'IRAIS ME PENDRE.
NIVEAU SEXE? AVEC ALLIANCE, LA SEXUALITÉ EST MOINS INVENTIVE, ÇA DOIT FREINER LA CIRCULATION SANGUINE, J'VOIS QU'ÇA...
PIS QUAND TU TROMPES C'EST + CULPABILISANT ...
... ÇA GÂCHE UN PEU LE PLAISIR.
... AH, VOUS ÊTES LÀ LES TOURTEREAUX... ÇA S'ANNONCE BIEN CE MARIAGE?
SUPER.
LAP'
LAP'
LAP'
LAP'
LAP'
LAP'
LAP'

ON EST LES PLUS BEAUX

ON PORTE UN SOIN EXTRÊME AU CHOIX DES Z'INVITÉS

OH PUTAIN...
RÉUSSIR UN MARIAGE, C'EST AVANT TOUT CHOISIR LES BONS INVITÉS. LUI, NON SEULEMENT J'EN VOULAIS PAS, MAIS EN PLUS CE CON, IL L'A AMENÉE ICI...

...SA FEMME RUSSE COMMANDÉE SUR LE NET.
MICKEY... VOICI CELLE DONT JE SUIS AMOUREUX COMME JAMAIS... J'TE PRÉSENTE VÉRONICA...
милое замуж-ество ...
EUH
ENCHANTÉ.
CHAMPAGNE?
P'TITS FOURS?
PARLEZ FRANCHESS?
EH!
EH MAIS C'EST QUI, ELLE ?!

AH LISA, J'TE PRÉSENTE VÉRONICA... INVITÉE SURPRISE TRÈS SYMPA...
T'ES QUI TOI? ÇA TE GÊNE PAS DE METTRE TES SEINS AU-DESSUS DE TOUT LE MONDE?
будет к вам оно dwarf?
LA PLUS BELLE AUJOURD'HUI C'EST MOI ! T'ES GENTILLE !

OH LA BELLE RUSSE, PHOTO !!
QUOI QUOI?
ÉHO CH'UIS LA MOI!
CLIC
CLIC CLIC
OUI, VÉRONICA A FAIT DU MANNEQUINAT, LES PHOTOGRAPHES L'ADORENT!

CLIC CLIC CLIC
CLIC CLIC CLIC
DÈS QUE JE L'AI VUE, J'AI SU QUE JE L'AIMERAIS TOUTE MA VIE...
EUH OUI ?
DÈS QUE JE L'AI VUE, J'AI SU QUE J'POURRAIS PAS L'EMPAFFER !
ELLE ME VOLE LA VEDETTE ! ELLE ME VOLE MON MARIAGE !
ON A LES MÊMES PASSIONS, LE MÊME REGARD SUR LA VIE, HA HA ON RIT AUSSI, ON RIT BEAUCOUP...
AH C'EST BIEN ÇA, LE RIRE...
ELLE VA SE GOINFRER ! ELLE VA SE GOINFRER !!
ELLE EST ÉLÉGANCE, ELLE EST ÂME RUSSE... PRESTANCE SOVIÉTIQUE DIVINE QUI...
OUPS
ELLE S'EST GOINFRÉE !! ELLE S'EST GOINFRÉE !!
?
?
?
MAIS QUI T'A FAIT ÇA ?
ɘОПИМ ЖУМƐ- ɘСТВО!!
К'вам ÖНО warf !!
MAIS QUI ? QUI ? PARLE ?!
AU REVOIR, REVENEZ QUAND VOUS VOULEZ !!
ET MERCI POUR LES FLEURS !!
WROAOO
MARRANT COMME AUJOURD'HUI ENCORE, JE DÉCOUVRE CERTAINS TRAITS DE TON CARACTÈRE !
LES ROBES DE TES DEMOISELLES D'HONNEUR, C'EST TOI QUI LES AS CHOISIES ?
DEVIIINE...
...ET LES DEMOISELLES D'HONNEUR AUSSIIIII...

ON N'OUBLIE PAS LES DRAMES HUMANITAIRES

ON RESTE HYYYPER À L'ÉCOUTE DU MONDE

ON EST LÀ, A CE MARIAGE, ON S'AMUSE... ET DIRE QU'IL Y A DES GENS, QUELQUE PART DANS LE MONDE, QUI FABRIQUENT DES BOMBES !
FOU, HEIN !
ATOMIC

PIRE ! ON EST LÀ, ON A TOUT POUR ÊTRE HEUREUX, ET LÀ, SUR LA PLANÈTE, DIEU SAIT OÙ, DES HOMMES FABRIQUENT DES MINES ANTIPERSONNEL !...
C'EST VRAIMENT DÉGUEULASSE !!

... ATTENDEZ, MAIS PIRE ! PIRE ! ON EST LÀ, TRANQUILLES, ON VIT UN VRAI TRUC D'AMOUR, ET LÀ, A CET INSTANT PRÉCIS, Y A DES GENS, QUELQUE PART, SANS QU'ON PUISSE L'IMAGINER...

... QUI FABRIQUENT DES DRAGÉES.
... LES ENFOIRÉS...
AAAH
LES SALAUUUDS !
PUTAIN Y A VRAIMENT DES POURRITURES SUR TERRE !
QUE FAIT L'O.N.U. ?

ON VIT UN GRAND MOMENT

ON SE FAIT DES SOUVENIRS INOUBLIABLES

'FAIS VOIR TA BAGOUZE.
...AH! TU T'ES GOURÉ DE DOIGT, ÇA S'MET PAS AU MAJEUR.
SI, SI, LE JOUR DU MARIAGE, SI !
TIENS, 'FAUT QUE JE TE MONTRE...

...COMMENT J'EXAUCE MON RÊVE !!
ELLE EST OÙ? ELLE EST OÙ?
LÀ!
BELLE MAMAN, REGARDEZ LA JOLIE ALLIANCE, ELLE EST BELLE HEIN? HEIN ELLE EST BELLE?
OUI OUI J'AI VU.
ELLE EST BELLE...
VOUS VOUS ÊTES TROMPÉ DE DOIGT, D'AILLEURS.
...LISA, PRÊTE-MOI TON ALLIANCE, BELLE-MAMAN, ATTENDEZ, ATTENDEZ! REGARDEZ LES 2, LÀ...
?
??
??
??
R'GARDEZ! R'GARDEZ!!
'SONT JOLIES LES ALLIANCES, HEIN?
...IL FAIT QUOI, MICKEY?
?? IL EST IVRE?
IL SAVOURE: C'EST LE PLUS BEAU JOUR DE SA VIE!!

ON ADORE LE PLUS BEAU JOUR DE NOT'VIE

ON AIMERAIT QUE ÇA NE S'ARRÊTE JAMAIS

... EST-CE QU'IL EST VRAIMENT INTÉRESSANT DE RACONTER NOTRE MARIAGE ?
QUICONQUE TRAVERSERA CETTE ÉPREUVE LA VIVRA À SA FAÇON...

IL Y A EU PLEIN D'INSTANTS RIGOLOS...
SURPRISE ! ON EST LÀ ! ON N'ATTEND PAS L'PLAN B !!
VIVE LES MARIÉS !
VIVE UNCLE BEN'S !

AH, LA SORTIE DE LA MAIRIE ! J'ME DOUTAIS BIEN QUE LES POTES ALLAIENT AJOUTER LEUR TOUCHE PERSO À LA TRADITION.
... ILS SE SONT APPLIQUÉS, TU REMARQUERAS : RIZ COLLANT, ET QU'ILS ONT FAIT CUIRE, POUR ÊTRE SÛRS QUE ÇA TACHE BIEN LES VÊTEMENTS.
ILS SONT JOUEURS.

... IL Y A EU PLEIN DE MOMENTS OÙ TOUT LE MONDE NE PARLAIT QUE DE NOUS... CE QUI EST TOUJOURS TRÈS SUPPORTABLE...
... ÊTRE LE NOMBRIL DE LA PLUS BELLE JOURNÉE DE SA VIE, J'ADORE !
ILS SONT JEUNES !
ELLE EST BELLE !
BEAUX !

... IL Y A EU DE L'ART LYRIQUE...
MEXI... MEXIIIIII... ICOOOOOOOO
C'EST TOI QUI AS CHOISI CE CHANTEUR ??
OUI OUI OUI !
UN RINGAR PAREIL, MÉMORABLE HEIN !!

... IL Y A EU DES MOMENTS UN PEU TROP LONGS...
BON ! LE PLAN B, IL DÉMARRE QUAND ??
... DES IMPRÉVUS...
BON LES COPAINS, ON S'FAIT IER'CH À ATTENDRE LE PLAN B, NOUS !
ON DÉBOULE !! COURAGE, ON SE MÊLE À LA FAMILLE !!
... ET IL Y A EU DES TRUCS TROP PRÉVUS...
LE DISCOURS ! LE DISCOURS !
OK OK, J'M'Y COLLE ! N'INSISTEZ PAS !...
CHÛTEUUU ! LE DISCOURS !!
HOULAAAA, POMPETTE, MOI ...
ALORS JE DIRAI, EUUUH... MERCI À TOUS D'ÊTRE LÀ, C'EST SUPER COMME MOMENT... ET DU FOND DU COEUR ON TIENT À VOUS DIRE...
QU'IL FAUT NOUS LAISSER MAINT'NANT !
J'VEUX MA NUIT DE NOCES ! MA NUIT DE NOCES !
DEHORS !
OUP'LÀ, EH EH, DÉLIRE, ELLE PLAISANTE !!... NAN, C'QUE LISA ESSAIE D'EXPRIMER, C'EST SA JOIE SINCÈRE ET SA PROFONDE GRATITUDE ENVERS TOUS CEUX QUI...
VONT PARTIR !
'FAUT NOUS LAISSER J'VOUS DIS. J'VEUX MA NUIT DE NOCES MOI !!

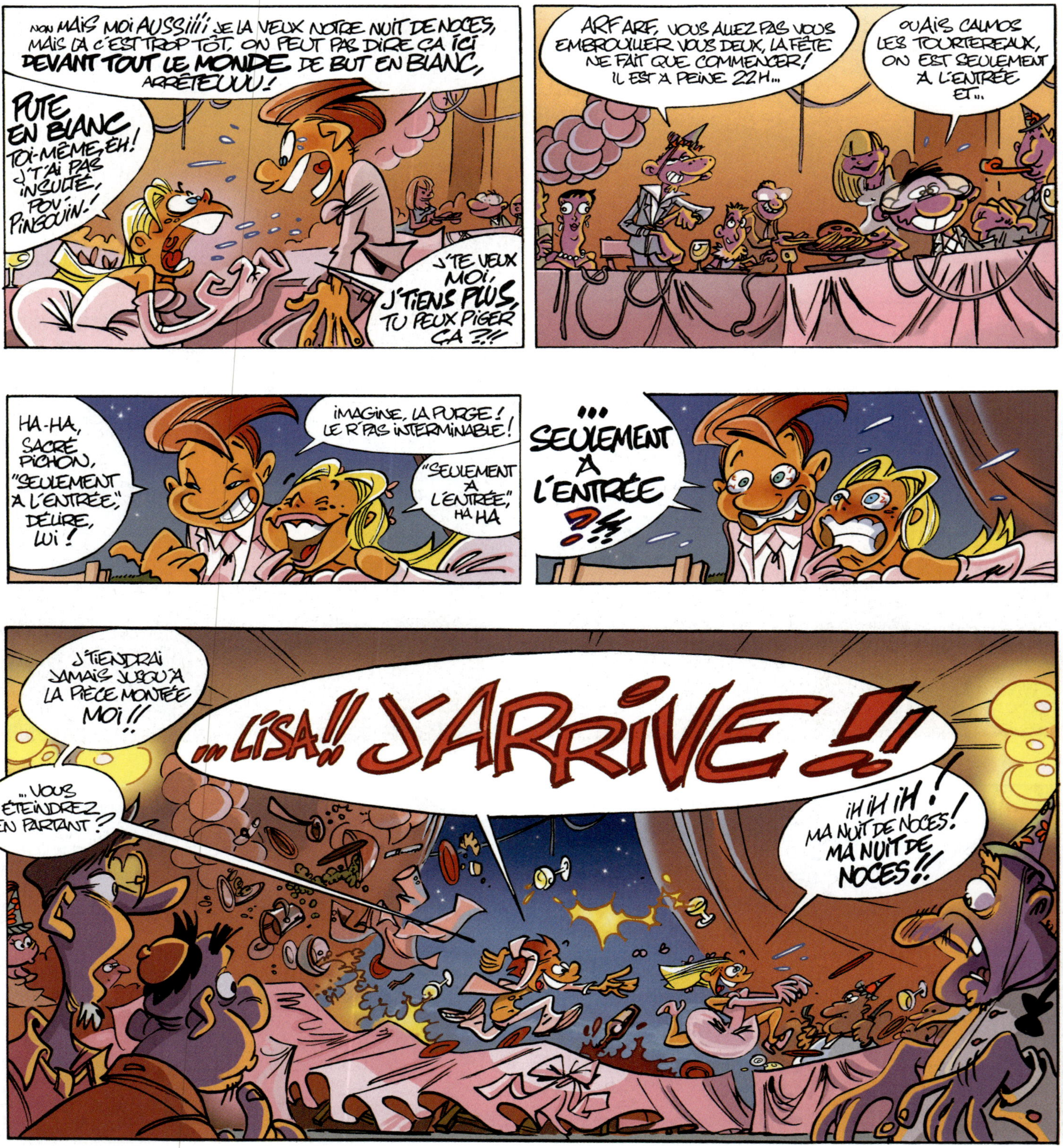

NON MAIS MOI AUSSI!!! JE LA VEUX NOTRE NUIT DE NOCES, MAIS LÀ C'EST TROP TÔT, ON PEUT PAS DIRE ÇA ICI DEVANT TOUT LE MONDE DE BUT EN BLANC, ARRÊTEUUU!
PUTE EN BLANC TOI-MÊME, EH! J'T'AI PAS INSULTÉ, POU-PINGOUIN!
J'TE VEUX MOI, J'TIENS PLUS, TU PEUX PIGER ÇA ?!!
ARF ARF, VOUS ALLEZ PAS VOUS EMBROUILLER VOUS DEUX, LA FÊTE NE FAIT QUE COMMENCER! IL EST À PEINE 22 H...
OUAIS CALMOS LES TOURTEREAUX, ON EST SEULEMENT À L'ENTRÉE ET...
HA-HA, SACRÉ PICHON, "SEULEMENT À L'ENTRÉE", DÉLIRE, LUI!
IMAGINE, LA PURGE! LE R'PAS INTERMINABLE!
"SEULEMENT À L'ENTRÉE," HA HA
... SEULEMENT À L'ENTRÉE ?!
J'TIENDRAI JAMAIS JUSQU'À LA PIÈCE MONTÉE MOI!!
... LISA!! J'ARRIVE!!
... VOUS ÉTEINDREZ EN PARTANT ?!
IH IH IH! MA NUIT DE NOCES! MA NUIT DE NOCES!!

ON SAVOURE NOTRE NUIT DE NOCES

ON MET LA PRESSION

ET C'EST TOUT ??
AH NON PITIÉ LISA ! JE ME SUIS LEVÉ À PAS D'HEURE, FARCI TA MÈRE, TA FAMILLE, LE REPAS, LES PHOTOS, TROP BU, MAL AU BIDE, ON A FAIT L'AMOUR, DODO ! ...S'TE PLAÎT..!!
J'AI PAS JOUI MOI !
OUI NAN MAIS APRÈS UNE JOURNÉE PAREILLE, J'AI DES CIRCONSTANCES ATTÉNUANTES...
FINIS TOUTE SEULE ET TU ME RACONTES DEMAIN, OK ? RFLLLL...
RFLL
NON, NON, C'EST MA NUIT DE NOCES, JE VEUX JOUIR MOI !!
RÉVEILLE-TOI, PÔV LARVE ! J'VEUX MA NUIT DE NOCES JOUISSEUSE MOI, J'VEUX UN MARI, UN VRAI ! LA SAILLIE !! LA SAILLIE !!
S'TE PLAÎT NON !!
T'AS SIGNÉ !! DEVOIR CONJUGAL, AU BOULOT, ALLEZ !!
AH, MICKEY ! T'ES REVENU ?
L'AMITIÉ : LE SEUL AMOUR SANS CONTRAT NI OBLIGATION DE RÉSULTAT !
AMUSEMENT !
COPAINS !!
JUSQU'AU BOUT DE LA NUIT !

ON S'ÉVEILLE COLLÉS L'UN À L'AUTRE

ON A DANSÉ TOUTE LA NUIT, ET AU PETIT JOUR...

BEN VOILÀ... ILS SONT TOUS PARTIS... ON A RÉUSSI...
...ON EST MARIÉS.

COMPTE PAS SUR MOI POUR DIVORCER, MOI TOUS CES TRUCS ADMINISTRATIFS C'EST BON, J'AI DONNÉ.
OH, LE DIVORCE, PAR RAPPORT AU MARIAGE, C'EST SUPER LIGHT EN PAPERASSERIE...
D'AILLEURS... C'EST CON...!

ON SE PLAINT QUE LES GENS ARRÊTENT PAS D'DIVORCER, MAIS SI POUR CHAQUE DIVORCE 'FALLAIT SE TAPER LES PRÉPARATIFS D'UN MARIAGE, ORGANISATION, STRESS, LIEU À TROUVER, BOUFFE... LES COUPLES Y RÉFLÉCHIRAIENT À 2 FOIS AVANT DE DIVORCER, TU PEUX M'CROIRE!
OUAIS
...ET SI SE MARIER POUVAIT ÊTRE AUSSI SIMPLE QUE DIVORCER, LES VENDEURS D'ALLIANCES FERAIENT FORTUNE!
EN TOUT CAS SI ON DIVORCE, J'VEUX AU MINIMUM UNE AUSSI GRANDE FÊTE QU'À NOTRE MARIAGE, MOI!
HA HA, TU SAIS QUOI DIRE POUR ME GARDER À VIE, TOI, HEIN!!
SERRE-MOI FORT, MON MARI...
HI HI! "MON MARI", ÇA FAIT TROP BIZARRE À DIRE!
"ÇA VA MON MARI?" TROP BIZARRE!!!

JIM AOÛT 07

Allégorie Nuptiale
Fraisier